星モグラサンジの伝説

岡田 淳

●

理論社

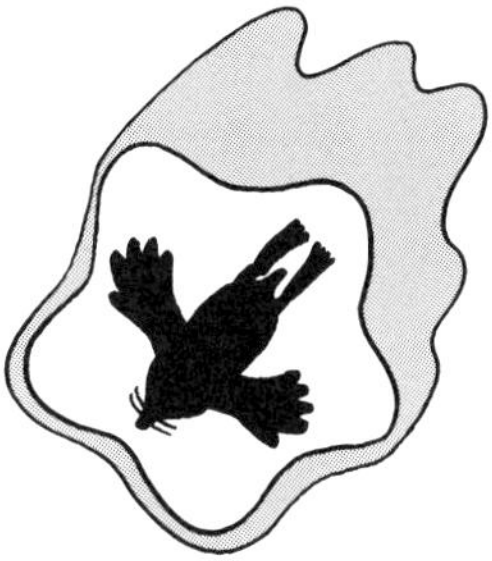

この本には、字の大きいところと、わくで囲《かこ》んだ字の小さいところがある。大きいところには〈物語《ものがたり》〉が、小さいところには、その〈物語〉をぼくに話してくれた語り手とぼくのことが書いてある。〈物語〉のところだけでもよかったのだが、ぼくは語り手のことも書きたかったのである。

ところでひとつお願《ねが》いがある。もしも声にだして読みたいと思うなら、大きい字の〈物語〉の部分《ぶぶん》でそうしてもらえるとありがたいのだ。

そうすれば、語り手の、実はあまり期待《きたい》してはいないと本人がいっているある望《のぞ》みが、かなうことになるかもしれないからである。

その夏、ぼくは十日間ほど、友人の家にひとり泊《とま》りこみにいくことになった。友人の家は、ある有名な大きな山のふもとの、広い野原のはずれにある。

高校時代以来《いらい》の友人は、ぼくが作家でもあることをよく知っていて、家族《かぞく》で旅行《りょこう》をするあいだ、仕事場《しごとば》がわりに無人《むじん》の家を使《つか》わないかと、おそらくは同情《どうじょう》と親切《しんせつ》で、いってきてくれたのだ。条件《じょうけん》は新聞と郵便物《ゆうびんぶつ》をポストからだすこと、それだけだ。ぼくのアパートときたら、夏はほんとにひどいので、ぼくはほいほいひきうけた。

原稿用紙《げんこうようし》とメモ帳《ちょう》、鉛筆《えんぴつ》、消《け》しゴム、鉛筆けずり、そしてさしあたっての食料《しょくりょう》と着替《きが》え、そういったものでふくれあがったリュックを背《せ》に、ぼくは観光客《かんこうきゃく》でいっぱいの列車《れっしゃ》に乗《の》った。列車からおり、昼食をカレーとコーヒーですませ、バスに乗りこむ。

ねむくなりかけたところでおりることになる。地図を片手《かたて》に、畑《はたけ》とまばらな家のつづく道を十五分ほど歩くと、山小屋《やまごや》ふうの友人の家はすぐに見つかった。

ぼくが着《つ》くと、一家《いっか》はすでに旅行用《りょこうよう》のスーツでせいぞろいしていた。あいさつをするまもおしんで、友人夫婦《ふうふ》とふたりの男の子は、ぼくを家じゅうひきまわした。

この鍵《かぎ》はここよ。そちらはこの鍵ね。ここがトイレ。風呂場《ふろば》。お湯《ゆ》のだしかたわかるわね。お茶もいれなくてほんとにごめんなさい。ここの本は自由《じゆう》に読んでいいけど、元の場所《ばしょ》にもどしてくれよ。音楽を聞きたいときはスイッチはこれ。わかんなきゃここに説明書《せつめいしょ》があるから。レコードはここ、CD《シーディー》はこっち、テープはあれ。今はいってるのは『レフト・アローン』って曲《きょく》、好《す》きなんだ。掃除機《そうじき》はここ、洗《せん》たく機の説明書。それから台所《だいどころ》。

冷蔵庫《れいぞうこ》の中のものは全部《ぜんぶ》食べてもらってもいいの。玉子はあと四、五日で使《つか》っちゃったほうがいいわよ。きみのためにとりあえず缶《かん》コーヒーと缶ビールをそれぞれ一ダース冷《ひ》やしてあるからな。わお。ガスコンロはこうして使うの、あらこんなこと説明しなくってもいいわね。換気扇《かんきせん》のスイッチはこれ。おじさん、このゲーム、1と2はぼくと弟のがはいってるからさわっちゃだめだけど、3はあいているからしてもいいよ。戸閉《とじ》まりするときにチェックする場所をメモしてあるからな。火事《かじ》だけは気をつけてね、もちろん保険《ほけん》はかけてあるけれど——。

表《おもて》にタクシーのクラクションが聞こえ、それじゃいってくるよと一家が砂《すな》ぼこりのむこうに消《き》えたあと、ぼくはどっと疲《つか》れがでた。

問題《もんだい》のモグラがあらわれたのは、そのあとである。

用意《ようい》してきた食料《しょくりょう》のうち、いれなければならないものを冷蔵《れいぞう》庫《こ》にいれ、とりあえずの缶《かん》コーヒーをとりだした。

居間《いま》のまえが、白い。ペンキで仕上《しあ》げられたバルコニーで、やはり白くぬったデッキチェアと丸いテーブルがあった。そこでコーヒーを飲《の》むことにした。バルコニーから三段階段《だんかいだん》をおりると芝生《しばふ》の庭《にわ》だ。庭はバレーボールのコートくらいの広さがあり、まわりはシイノキだろう、三、四メートルに育《そだ》ったのが規則《きそく》正しくならんでいる。その外側《そとがわ》は金《かな》アミのフェンスで、むこうは野菜畑《やさいばたけ》、そして広い野原《のはら》と高く形《かたち》のよい山。

デッキチェアに腰《こし》をかけ、バルコニーの手すりにぐったりもたれ、半分ほど飲んだコーヒーの冷《つめ》たい缶をひたいにあて、ぼくは見るともなく庭の芝生を見ていた。友人とぼくの住《す》まいのちがいとか、このあと用意していた仕事《しごと》にすぐにかかるか、それともまずシャワーをあびるか、そんなことを考えていた。

とつぜん、芝生の中ほどがぼこっともりあがった。そしてピンクと黒の小さなかたまりが土の中からあらわれた。それがモグラだと気づくのにすこし時間がかかった。ぼくはそれまでにモグラを見たことがなかったのだ。

からだをかたくしてそいつを見《み》まもった。これはやってきたそうそうめずらしいものを見るぞ、と思った。ピンク色は手のひらと鼻先《はなさき》だ。あとは全身《ぜんしん》黒っぽい。身長はせいぜい十数センチというところだろう。モグラはぼくがこんなところにいるとは知らないらしく（そのときはそう思った）、まっすぐこちらにむかって芝生《しばふ》の上をはい進《すす》んでくる。

陽《ひ》の光にあたると死ぬ、なんてのを信《しん》じていたわけじゃないけれど、実物《じつぶつ》のモグラが昼《ひる》すぎの太陽《たいよう》をあび、芝生にくっきりと影《かげ》をおとして歩いているのは、ちょっと感動的《かんどうてき》だった。

モグラはぼくから三メートルくらいはなれたところで止まり、白いひげのはえた鼻先《はなさき》をあげた。ぼくがいることに気づいたかな、と思った。

「はじめまして」

小さな声が聞こえたような気がした。声変《が》わりまえの男の子が風邪《かぜ》をひいたような声だった。ぼくはまわりを見た。どこにもひとかげはなかった。モグラが？　まさか。

まさかのモグラは、もう一メートルほどこちらにはってきて、また鼻先をあげた。

「はじめまして」

声変わりまえの男の子の風邪ひき声が、さっきよりはっきり聞こえた。のみならず、モグラの口がうごくのまで見えてしまったのだ。おいおい、よせよ。ぼくはごくんとつばをのみこんで、ためしにいってみた。

「はじめまして」

よせよのモグラは軽《かる》くうなずいた。

「とつぜんでおどろかれたことでしょうが、サッカのかたなんでしょう？」

もちあげた顔の口が動いて、変声前《へんせいまえ》の風邪ひき声が聞こえた。モグラがしゃべっているのにまちがいなかった。ぼくは今おこっていることを理解《りかい》した。これは夢《ゆめ》だ。列車《れっしゃ》とバスと友人一家とのやりとりでぐったり疲《つか》れたのだ。バルコニーでうたたねをして夢を見ている。それにきまった。それにしちゃおもしろい夢じゃないか。ここまできたかいがあったというものだ。よし、夢ならさめるなよ。まてよ、サッカのかた？　サッカ……作家？

「本を書いたりするかたなんでしょう?」

やはりそうだ。本を書く、といういいかたにはすこしひっかかるが、そのことをいっているのだ。

「ええ、まあ、本になる物語《ものがたり》を書いたりもしています」

ぼくはなるべくそっとしゃべった。さわぎたてて目がさめてしまうのは、夢《ゆめ》ではよくあるパターンだ。

「よかった」

モグラはうなずいた。

「なにがよかったんですか」

「よかったことはふたつあります」。夢とはいえ、なんと論理的《ろんりてき》なスピーチをするモグラだろう。「ひとつはあなたがほんとうに作家であったこと。もうひとつは、わたしが人間のことばをしゃべることに、あまりおどろいておられないということです」

「じゅうぶんにおどろいています。でも、どうして作家だとよかったんでしょう」

「そのことについては、これからお話させていただきます。が、そのまえに、もうすこしこちらにきていただけないでしょうか。遠くで話すのは疲《つか》れるのです」

　ぼくはモグラをおどろかさぬよう静《しず》かに立ちあがった。まだ手に缶《かん》コーヒーを持《も》っていたことに、このとき気づいた。缶をテーブルの上におき、バルコニーの階段《かいだん》をおりて、いちばん下の段に腰《こし》をおろした。手をのばせばとどく近さだ。このくらいでいいでしょうかといおうとしたとき、モグラは話しだした。見えないはずなのに、こちらのようすがわかるらしい。

「では、なぜあなたが作家だとよかったのか。というより、なぜわたしがあなたのまえにあらわれたのか、ということをお話します。あ、わたしのことば、ちゃんとあなたがたのことばになっているでしょうか」

「とても正確《せいかく》に人間のことばです」

「そりゃよかった。人間に話すのは、はじめてなのです」

モグラがなぜ人間のことばを話せるようになったのか、たずねたかったががまんした。夢《ゆめ》の流《なが》れをねじまげてはいけない。

「わたしは、あなたに、あるモグラの伝説《でんせつ》を書いていただきたいのです」

モグラはそうきりだした。なんですって、と大声をあげたくなるのを、ぼくはおさえた。

「物語《ものがたり》、といっていただいてもかまいません。が、そのお話をするまえに、なぜわたしがこんなお願《ねが》いをしようと思うようになったのか、それをお話しするのがすじみちというものでしょう」

そのとおりだとぼくも思って、なぜかあわててうなずいた。

すじみちのモグラはつづけた。

「あなたがた人間が、ひとりひとりかわっておいでのように、わたしたちモグラもそれぞれがかわっています。で、わたしの場合は、人間に近くなりすぎたのです。おさないころからわたしは、人間をおそろしいとは思わなかった。わたしの母親もそうだったのでしょう。母親のトンネルは、人間の家や畑《はたけ》のすぐそばにありました。わたしは人間のことばを聞くのが好《す》きでした。聞くだけではなく、意味《いみ》もわからぬ人間のことばのまねをして、よく母親にしかられました。ちゃんとモグラ語を話さないと人間になってしまいますよ、なんておどかされたりしたものです。

大きくなって自分のトンネルを持《も》つようになったとき、わた

しはもっと人間の近くでくらそうと思いました。そこで、ここにすむようになったのです。このあたりの地下です。わたしのトンネルは、この家の下にも通じています。わたしはここで、あなたのお友達《ともだち》の生活を聞きながらくらすことにしたのです。

そのうちに、わたしは人間のことばがわかるようになってきました。おもしろくなっていよいよ聞き耳をたてる。するとますますわかってくる。わからないことばも、もちろんありました。テレビ、シンブン、テガミ、カガミ……。そういうことばがなにを意味《いみ》するのか、推理《すいり》するのはけっこうたのしいゲームでした。

わたしの勉強《べんきょう》を助《たす》けてくれたのは、なんといってもふたりの息子《むすこ》さんです。ねえこれどういう意味、なんて声にだしてだれかにたずねてくれるのです。声にだしてくれなくてはお手あげ

です。なにしろわたしは、耳学問《みみがくもん》というやつですから。

　いろんなわかりにくいことばのなかで、わたしがいちばんおどろき、心をとらえられたのが、〈本〉ということばだったのです。わたしたちモグラにも記号《きごう》のようなものはある。それはトンネルなどにつける自分のにおいです。だが本というものは、においよりもはるかに複雑《ふくざつ》なことを伝《つた》える。まるで話を聞くように伝えられる。しかも話とちがって、いつでもだれにでも同じことを伝える。いっぴきのモグラがいました、が、二ひきのモグラがいました、にかわることがない。なんと便利《べんり》なものだろうと思いました。

　さて、わたしがまだおさなく、母親といっしょにすんでいたころ、母親から聞かされた、あるモグラについての話がありました。それは、ほんとうのところ、信《しん》じられない話なのです。

とてもモグラわざとは思えないことをやってのけたモグラの物《もの》語《がたり》なのです。でもわたしはその話がだいすきで、なんども話してもらったものです。

それほど気にいっていた話だったものですから、わたしは自分のトンネルにすむようになってから、親しくなった話し友達《ともだち》のモグラに、その話をしたのです。その話は相手《あいて》のモグラもその母親から聞いていて、わたしたちは楽しく語りあいました。

けれど、話しているうちに、話のあわないところがでてきたのです。わたしの聞いている大事《だいじ》なところを彼《かれ》は知らなかったし、彼の話のおもしろいところが、わたしの母親の話にはなかった。

興味《きょうみ》をひかれたわたしは、もっとほかのモグラたちをたずね、その話を聞いてまわりました。どのモグラもその話は母親から

聞かされていましたが、おどろいたことに、それぞれにかよってはいるが、ちがう話なのです。もちろん主人公《しゅじんこう》は同じです。でもある話はあるところがくわしく、べつの話はべつのところがおもしろく、ある場合にはまったくちがうすじになっていることもあったのです。

どうしてそんなことになったのだろう。わたしはあれこれと考えてみました。その結果《けっか》、その話にでてくるモグラは、ほんとうにいたのではないかと思えてきたのです。

まず、とほうもないことをしたモグラがいた。それにかかわったモグラたちが、自分の知っていることをまわりのモグラたちに語る。これが最初《さいしょ》です。そのまま、とほうもない話として、現在《げんざい》まで語り伝《つた》えられた話もあるでしょう。

けれども、その話を聞いたモグラたちのなかには、あまりに

もとほうもない話なので、自分が納得《なっとく》できるように話をつくりかえてしまう、そんなモグラもいただろうと思うのです。

　そして、主人公《しゅじんこう》のモグラはひとところでひとつのことをしたのではなく、あちこちでいろんなことをしたので、そういう話がいくつもできたのです。

　つぎに、話と話がまざりあう、ということがあったと思います。まざりあうときには、話と話のつじつまをあわせるために、あたらしくつけくわえなければならぬ部分《ぶぶん》もあったでしょう。

　こうして、野原のモグラたちには、いくつもの話が伝《つた》わっていったのではないか。わたしには、そういうふうにしか考えられなかったのです。

　とすれば、です。そのとほうもないことをしたモグラは、ほんとうにいたということになる。こりゃすごいぞと思いました。

ほんとうにいたのなら、そのモグラはじっさいのところどんなモグラだったのか、なにをしたのか、知りたくなりました。そして、しらべることにしたのです。手がかりは多くの伝説《でんせつ》、語り伝《つた》えられた話です。

わたしは、野原じゅうから、その伝説を集めてきました。そして注意《ちゅうい》ぶかく話をくらべ、ならべかえ、にた話を集め、そのなかからもっとも現実的《げんじつてき》な話を選《えら》びだし、この話のこの部分、あの話のあの部分とつなぎ、むりなすじのものははぶき、もとの形を想像《そうぞう》し、どうしてもつながらないところは推理《すいり》し、つけたし、ついに全体《ぜんたい》をまとめあげることに成功《せいこう》したのです」

そこまで話してモグラは、はっきりとためいきをついた。正直にうちあけるが、このあたりでぼくは、これが夢《ゆめ》かどうかなんてことを、もう考えてはいなかった。

「けれど、わたしがそれをまとめてみたところで、ほかのモグラたちにはわかってもらえないのです。わかりにくい、といったほうがいいのでしょうか。つまり、そのモグラのしたことは、モグラの世界《せかい》を大きくはみだしていたのです。

　この伝説《でんせつ》をまとめあげることに成功《せいこう》したのは、わたしが人間のことばを理解《りかい》し、それによって、モグラの世界の外側《そとがわ》のことを、いささか知っていたからです。

　モグラの世界をはみだしたモグラの伝説は、皮肉《ひにく》なことに、モグラよりも人間のほうがよくわかる物語《ものがたり》になってしまっていたのです。

　もちろんわたしは、ほかのモグラたちに、ほんとうはこういうことがあったのだと語りました。けれどその話は、いずれべつの話にかえられてしまうでしょう。語り伝《つた》えられる話がかわ

っていくのは、しかたのないことなのです。だが、せっかくまとめあげたのだから、なんとかこれを残《のこ》すことはできないだろうか。そう思ったとき、本のことを思いだしたのです。本になれば、残すことができる。

おそらくあなたは、本にしたところでモグラはそれを読めないではないか、そう思われるでしょう。たしかにそうです。モグラは本を書くことも、読むこともできない。

しかしいつの日か、わたしと同じように人間に興味《きょうみ》を持《も》つモグラがあらわれるかもしれない。と考えればどうでしょう。

人間のことばを理解し、人間の家の地下で、人間の親が人間の子に本を読み聞かせる声に、胸《むね》をどきどきさせながら聞き耳をたてるモグラがあらわれる。そう考えればどうでしょう。

もしもわたしの語る話をあなたが本にしてくださるなら、そ

の本を読み聞かせることがあるかもしれない。それを聞くモグラなら、モグラの世界《せかい》の外側《そとがわ》のこともわかるはずだ。そうすれば、あのモグラのしたことを、正しく伝《つた》えることができる。わたしはこう考えたのです」

　モグラはすこし鼻先《はなさき》を地面《じめん》のほうにむけ、いやいやをするように短《みじか》い首をふった。

「ほんとうのところをいいます。わたしはそんなことがおこるなんて、信《しん》じてはいません。ほんとうのところは、わたしは、まとめあげた話を、ただ本にしてもらいたいのです。

　きっとわたしは本というものにあこがれているのでしょう。わたしがまとめあげたモグラの話が本になる。それがわたしののぞみなのです。いつかだれかにその話を伝えることができれば、それはそれでひじょうにうれしい。それはうそではありま

せん。けれど、伝えるために本にする、というのは、あとから考えた理由《りゆう》、意味《いみ》なのです。

わたしはモグラでありながら、人間のおとなたちのような考えかたをするようになってしまったのだと思います。ほら、人間のおとなたちは、なにかしたいことがあるときに、理由や意味を見つけようとすることが、よくあるじゃありませんか」

ちょっとだまったあと、モグラは思いなおしたように鼻先をあげた。

「わたしは、あなたのお友達《ともだち》が話しているのをききました。あなたにこの家を使《つか》ってもらおうという話です。息子《むすこ》さんたちはそれを聞いて、こういいました。あの話を書いたおじさんでしょう、と。あの話。それはわたしも、ここのおかあさんが息子さんたちに読み聞かせているのを聞いて、知っていました。ほ

ら、小さな動物《どうぶつ》があなたに話したお話を、あなたは本にしたじゃありませんか」

たしかにぼくは、そういう本をだしていた。

「それを聞いたとき、わたしはからだがあつくなりました。わたしもあのモグラの話を話そう。そうすれば、本にしてくれるかもしれない。そう考《かんが》えると、わたしは興奮《こうふん》してねむれませんでした。あなたがやってきたら、わたしはどういうふうに話をすすめればいいだろう。ずっとそのことを考えてきました。

ああ、本。本ということばをわたしは知っています。それがページというものでできていて、字というものがならんでいることも知っています。けれどわたしは、本というものがほんとうはどんなものなのか、まるでわかってはいないのです。とにかくあなたにおねがいするしかないのです。おねがいします。

どうか本にしてください」

熱《ねつ》のはいったモグラの声は、ところどころ高音の裏声《うらごえ》にひっくりかえった。

「しかし、どんな話なのか、聞いてみないことには……」

「ああ、もちろん、そうです。とにかく聞いてください。主人《しゅじん》公《こう》のモグラは、サンジという名前なんです」

「サンジ……」

それはどういう字なんですか、とたずねかけて思いとどまった。モグラには、字はないのだ。

そして、話が、はじまった。

このあとに書いてあるのが、その物語《ものがたり》である。

星モグラサンジの伝説

もくじ

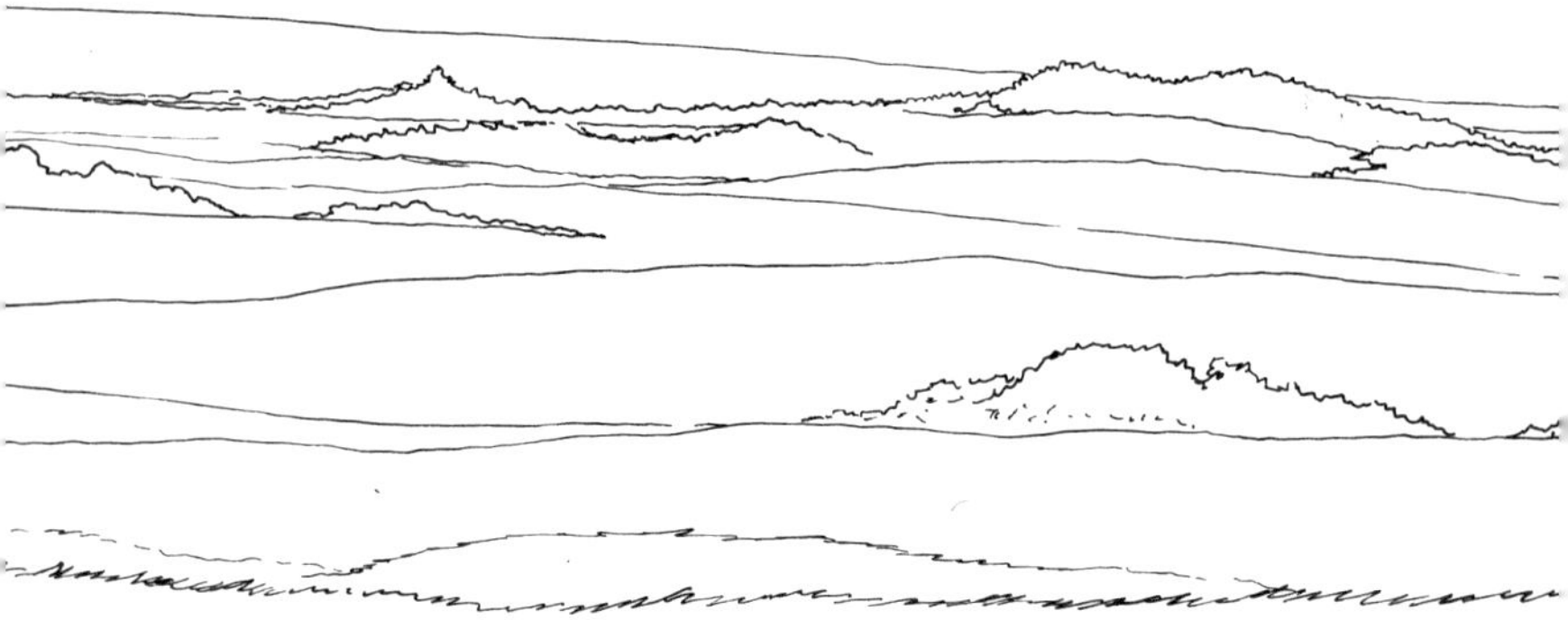

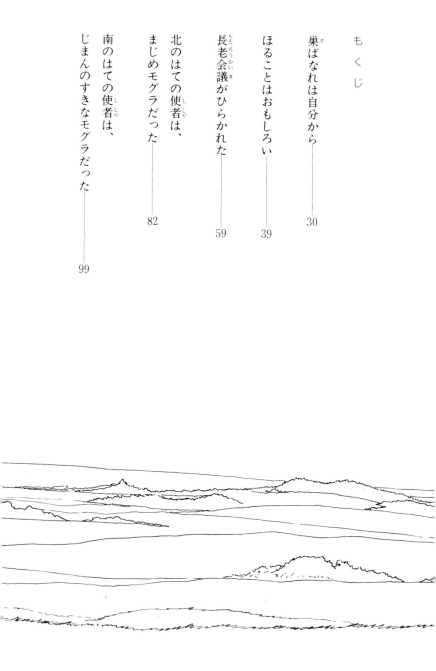

絵◎岡田　淳

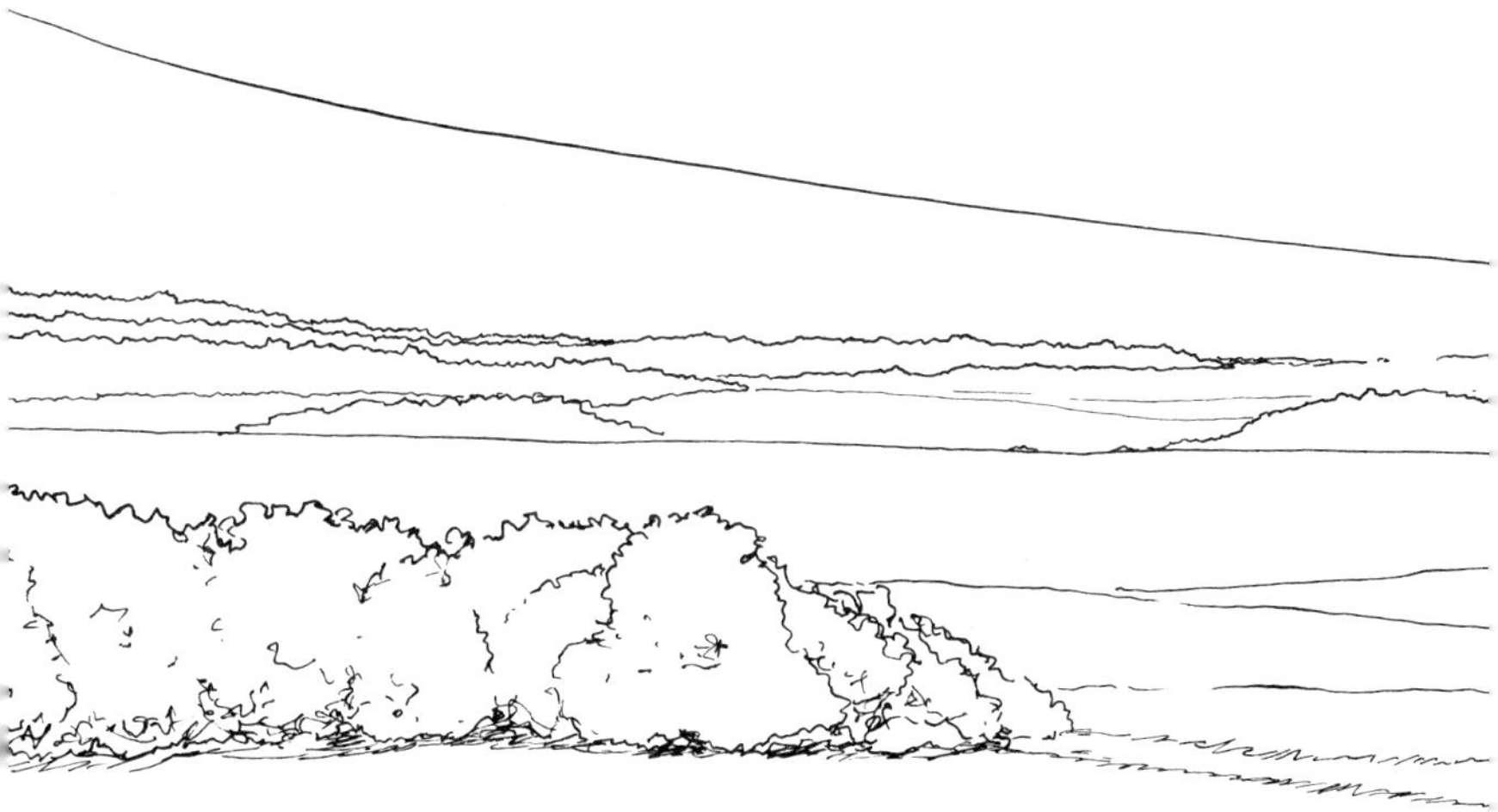

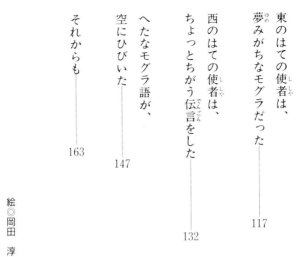

巣《す》ばなれは自分から

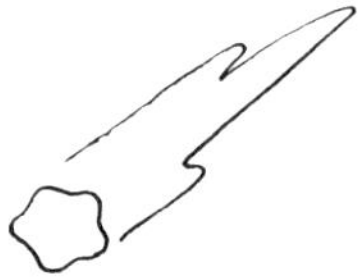

大きな大きな山のふもとの、広い広い野原のまんまんなかで、サンジはうまれた。

モグラのお産《さん》にはとうちゃんはたちあわない。だからサンジという名は、かあちゃんがつけた。そのときのお産で三びきめにうまれたのでサンジだ。

モグラにすれば、めずらしい名前ではない。だが、サンジがかわったモグラだということは、かあちゃんにはすぐわかった。

まず、うまれかたから、かわっていた。

かあちゃんがこどもをうむのは、はじめてではなかった。いままでのけいけんから、おなかのなかでうごくあかちゃんが、二ひきだと思っていた。そして思ったとおり、二ひきの女の子をうんで、やれやれとひといきついたすぐあとのことだ。

すごい地ひびきが野原をおそった。トンネルの土が、ばらばら落《お》ちてくるほどだった。

モグラにわかるはずもなかったが、それは野原の北のほうに、大きな流《なが》れ星《ぼし》が落《お》ちたせいだった。その地ひびきにおどろいたひょうしに、もういっぴき、ちっぽけな男の子がうまれおちた。それがサンジだった。

小さな子は、二ひきのねえちゃんの半分くらいの大きさだったが、おなかのなかでじっとしていたのがふしぎなくらい元気だった。からだのわりには大きな手足を、うごかしまわっていた。

おっぱいをのませても、サンジだけおちつかなかった。ひときわつよく乳首《ちくび》にむしゃぶりつく。手足がじっとしていない。まるで土でもほっているように、せわしげにうごかしている。おまけにたくさんミルクを飲《の》んだ。

　みるまにサンジはねえちゃんたちと同じくらいの大きさになった。そうなると、手や足はねえちゃんたちより大きくなった。

　かれ草をしきつめた巣《す》のなかを、ねえちゃんたちがよたよたと歩きはじめたときには、サンジはもう走ることさえできた。

　モグラは、自分のトンネルにはいりこんでくるミミズや小虫をつかまえて食べる。かあちゃんが、巣からのびるトンネルへ、食べものをさがしにでかけて帰ってくると、きまって巣のなかはめちゃくちゃになっていた。サンジいっぴきが、きゃっきゃわらいながら走りまわっている。

「かあちゃん。ぼく、はやい？　ぼく、はやい？」

「はやいよ、サンジ。おまえははやい」

かあちゃんはためいきをつきながら、かれ草の下でもがいているねえちゃんたちをさがしだし、巣のなかをかたづけなければならなかった。

ある日、かあちゃんはミミズをくわえて帰ってきた。それを三つにかみ切ると、こどもたちのまえにおいた。

「いいかい、おまえたち。なんでも食べないと強いモグラになれないんだよ。さあ、かしこいから、これを食べてごらん。気もちわるくないよ。おいし……」

そこまでいったとき、ミミズは三つともサンジが食べていた。そのすばやいこと。かあちゃんがとめるひまもなかった。

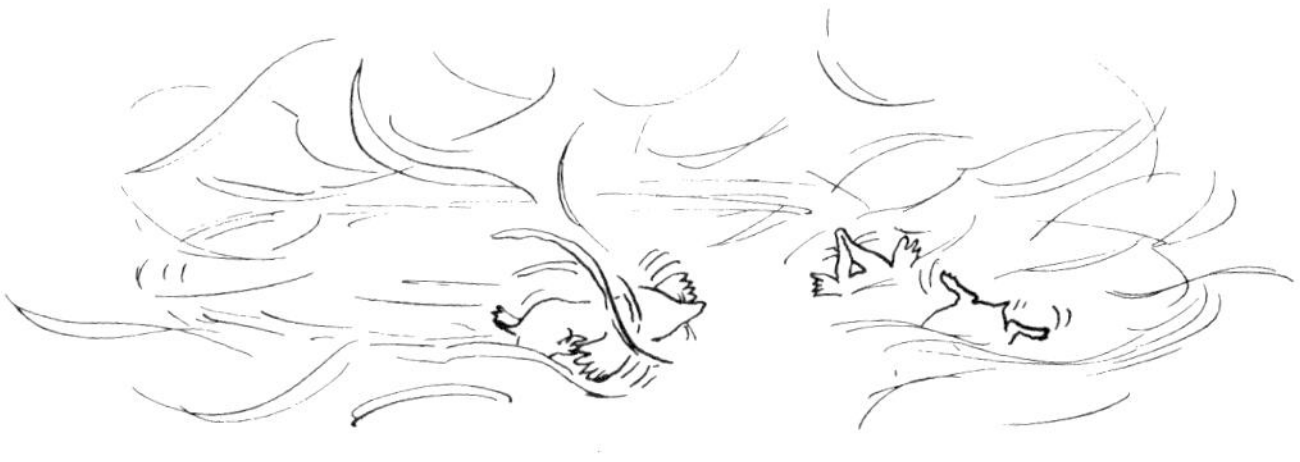

「かあちゃん。ぼく、かしこい？　ぼく、かしこい？」

「かしこいよ、サンジ。おまえはかしこい」

かあちゃんはためいきをついて、もういちどミミズをとりに、トンネルへでかけていった。

こういうぐあいに、かあちゃんは、ミルクやミミズを子どもたちにあたえながら、モグラがどのようにくらすのか、おしえていった。

さて、モグラの子どもたちは、自分でミミズや小虫をつかまえて食べられるようになると、母親においだされてしまう。それが巣《す》ばなれだ。だがサンジにかぎっては、かあちゃんはおいだす必要《ひつよう》がなかった。自分でかってにでていってしまったからだ。

なんどめかにかあちゃんが、子どもたちをトンネルにつれだした日のことだ。サンジはいままでずっとふしぎに思っていたことを、たずねた。

「ねえ、かあちゃん。このトンネル、だれがほったの？」

かあちゃんは鼻《はな》をひくひくさせて胸《むね》をはった。

「もちろん、このかあちゃんさ。モグラは土をほることができるんだよ。おまえたちの手は、そのために大きいのさ」

そういいながらかあちゃんは、土をほるかっこうをしてみせた。

モグラの目は、人間でいうならいつもまぶたをとじているようなもので、明るさぐらいならわかるが、ものの形を見ることはできない。見えたところで、トンネルのなかでは役《やく》にたたないわけだ。けれど鼻がとてもするどくて、においだけでなく、わずかな空気のうごきさえ感《かん》じとることができる。だからサンジたちには、かあちゃんのしぐさは、はっきりわかった。

そのとき、すぐよこの土から、コガネムシの幼虫《ようちゅう》がトンネルのなかにころがりでてきた。かあちゃんは、大きな手でそいつをさっとおさえつけると、にっこりふりむいた。

「この手は、こういうことにも……」

サンジの姿《すがた》が消《き》えていた。

「かあちゃん。ぼく、ほれてる？　ぼく、ほれてる？」

あたらしくほりかえされた土のにおいといっしょに、サンジのうれしそうな声が、土のむこうから聞《き》こえてきた。かあちゃんは、サンジの消えっぷりのすばやさに舌《した》をまきながら、さけびかえした。

「ほれてるよ、サンジ。おまえはほれてる」

のこったねえちゃんたちが、しんぱいそうに声をそろえた。

「かあちゃん。サンちゃん、どこへいったの？」

かあちゃんはそれにはこたえず、ただためいきをついた。そのすきに、コガネムシの幼虫《ようちゅう》がそうっとにげだそうとした。だが、かあちゃんはのがさなかった。そいつ

をぱくっと食べてしまうと、もういちどためいきをつきなおした。

かあちゃんはサンジをつれもどそうとはしなかったし、サンジもかあちゃんのところへもどりたいとは思わなかった。だからといってつめたい親子というわけではない。だれもがさせられる巣《す》ばなれを、サンジは自分からした、というだけの話なのだ。

モグラはそういうのだが、やっぱりぼくは、それではあまりにそっけない親子ではないかと思うのである。

ほることはおもしろい

土をほって進《すす》める。
ただもうそれだけのことが、サンジにはうれしくてたまらなかった。どんどんどんどん、ほってほってほり進む。なんておもしろいんだろう。
ずわっ、ずわっ、ずわっ、ずわっ……。
鼻《はな》のまえの土を、左右の手でこうごにかきとり、うしろ足でその土をうしろにける。それがまた、なみのはやさではなかった。しかもとまることがない。うまれてはじめて土のなかをほり進んだサンジは、このときすでに、おとなのモグラさえおよばぬはやさで進んでいた。

なれてくると、

「わっせ、わっせ、わっせ……」

声をあげながらほった。

そのうち、おなかがすいてきた。サンジはとくべつよくおなかがすく。それでもほるのはやめなかった。

と、ミミズのにおいがした。ミミズは、とつぜん近づいてきた土のひびきに身《み》をすくめ、にげだそうとした。だがサンジのはやさにはかなわない。あっというまに食べられてしまった。

食べるあいだもサンジはほるのをや

めなかった。もっとも、かけ声だけは、

「んっん、んっん、んっん……」

と、かわった。

　このはじめての穴《あな》ほりで、サンジは七ひきのミミズと、二ひきのコガネムシの幼虫《ようちゅう》を食べた。さいごのを食べたところで、ほるのをやめた。

　さすがにすこしくたびれた。それにおなかもいっぱいで、ねむくなった。いくらサンジでも、ねむりながらほるわけにはいかない。ことん、とねむりにおちた。

　ひとねむりすると、目がさめた。

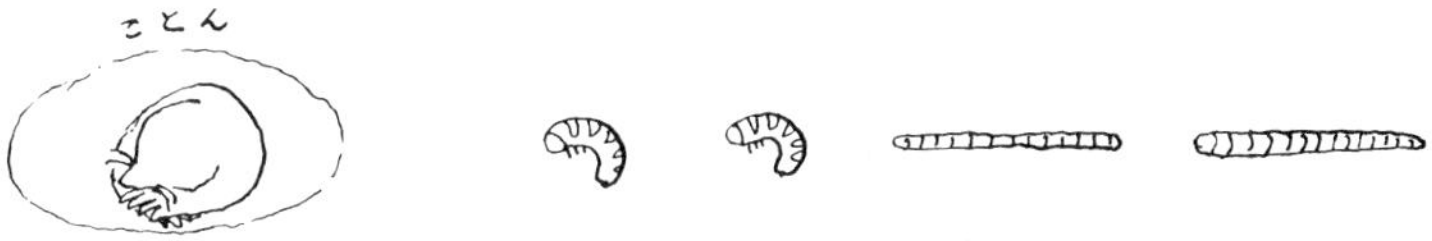

すこしからだがいたかった。けれど土をほるたのしさを知ったサンジは、じっとしていられなかった。そこでふたたびほりだした。

「わっせ、わっせ、んっん、んっん、んっん……」

その日の二ひきめのミミズを食べたあとのことだ。きゅうに土のないところにころがりでてしまった。

それは、ほかのモグラのトンネルだった。

「どこのだれだい。あたいのトンネルにはいってきやがったのは」

むこうのほうから、すごく大きなモグラが突進《とっしん》してきた。あわててサンジは土をほってにげだした。

トンネルがくずれたところにやってきた大きなモグラは、みじかい首をひねった。

「たしかにいま、このあたりにちびっこいモグラが……」

大きなモグラは、トンネルのどこかにちびっこいモグラがかくれていないか、さがしまわった。だが、においさえなかった。

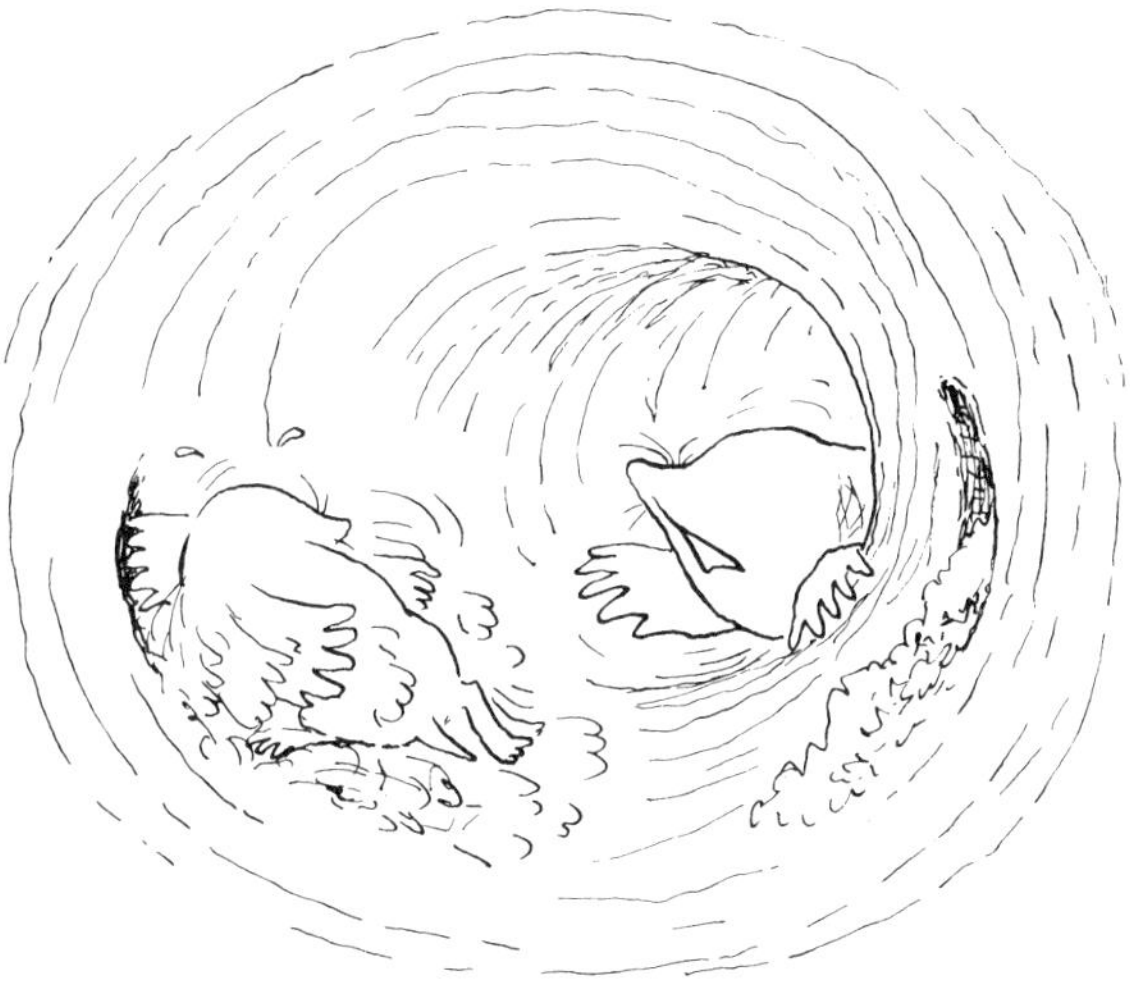

これはきっと、なにかのひょうしにトンネルの土がくずれ、そのとき自分は夢《ゆめ》でも見たのだろうと、大きなモグラは考えた。なにしろすぐにかけつけた。あっというまのことだ。もしそこにモグラがいたのなら、そのあいだににげだしたことになる。そんなにはやく土をほるモグラなんて、いるはずがない――。

サンジのほうはびっくりしていた。かあちゃんとねえちゃんのほかのモグラに出会ったのははじめてだ。それがとつぜんどなりつけられた。ひっしで

にげて、もうだいじょうぶというところで、やっといきをついた。

「ぼく、あぶないところだった。もしあいつがおいかけてきたら、やっつけられるところだった。なにしろあいつ、きげんがよくなかったもんな」

サンジは自分においつけるモグラなんていないことを知らなかったのだ。

ふつう、ひとりだちしたモグラは、自分のトンネルを持《も》つことになっている。えさになるだけじゅうぶんに、ミミズや小虫がころがりこんでくる長さのトンネルを持つと、そこでくらす。それがモグラのやりかただと、サンジもかあちゃんに聞いていた。

けれどほることをおぼえたサンジは、そのおもしろさにとりつかれた。それに、ミミズや小虫を食べるなら、ほり進《すす》んでいるときにだって食べられる。だから自分のトンネルを持とうなんて思わなかった。そのほうがサンジには、くらしやすそうに思えた。

しばらくはそういうぐあいに、

「わっせ、わっせ……」

と、まっすぐにほり進《すす》んでいたのだが、ふと別《べつ》のほりかたはないものかと考えた。

そこで、まるく円をえがくようにほるのをやってみた。

これは、右と左の手足の強さをかげんすればかんたんにできた。すごいはやさでもとのところにもどってきた。

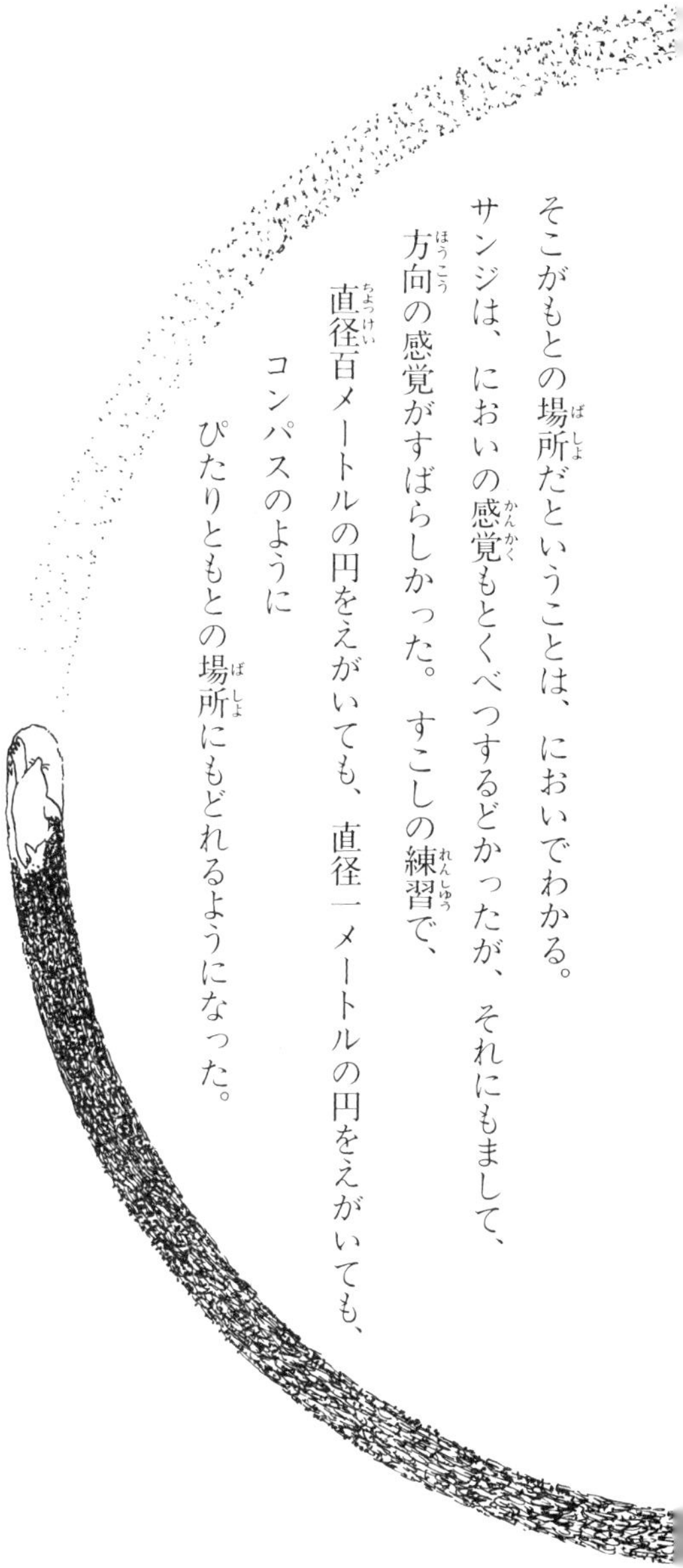

そこがもとの場所《ばしょ》だということは、においでわかる。
サンジは、においの感覚《かんかく》もとくべつするどかったが、それにもまして、
方向《ほうこう》の感覚がすばらしかった。すこしの練習《れんしゅう》で、
直径《ちょっけい》百メートルの円をえがいても、直径一メートルの円をえがいても、
コンパスのように
ぴたりともとの場所《ばしょ》にもどれるようになった。

円のつぎは、まっすぐ上にほること
を思いついた。上に進《すす》むと、すぐ地面《じめん》
だった。まさか土がなくなるところが
あるとは思わなかったので、いきおい
あまって空中に飛《と》びあがってしまった。
それは三十センチほどだったから、そ
のときのサンジの身長《しんちょう》の三倍《ばい》の高さだ。
いかにはやくほり進んでいたかわかる
というものだ。

もんどりうって地面にころがったサ
ンジは、はじめて地上のにおいをかい
だ。

「わあ、広いところがあるんだなあ」

全身《ぜんしん》の感覚《かんかく》でまわりのようすをさぐってみた。はじめは大きなトンネルかと思ったが、どこまでも広がっているようだった。それに土のなかにはないものがあった。生きた草だ。かれた草がかあちゃんの巣《す》のなかにあったのを思いだした。しなやかだが張《は》りのある生きた草がめずらしかった。そして空気がうごいていた。空気がうごくと、草がゆれた。

サンジはやがて、ゆっくり歩きだした。そしてだんだんはやく、ついにはすごいはやさで走りまわった。

土のなかよりもスピードが出た。
草の上をすべり、
あるいはひきちぎった葉《は》をまいあげ、
サンジは走りまわった。

まっすぐ下にほるのもやってみた。二十メートルも進《すす》まないうちに、がりっとかたいものをひっかいた。においがかわったのでスピードをおとしていたのがよかった。でなければ、いやというほど岩のかたまりにぶつかっていたところだ。岩をなでながら、サンジはひとりごとをいった。

「ぼく、まだ小さいから、これ、ほれないや」

そして考えた。どうすればこれをほれるほどの強いモグラになれるだろう。するとと、なんでも食べないと強いモグ

ラになれないと、かあちゃんがいっていたのを思いだした。

「よし、ぼく、なんでも食べる。なんでも食べて、もっと強くなったら、これ、ほれるよ」

このときからサンジは、なんでも食べるようになった。

モグラは、いわば肉食の動物《どうぶつ》だ。だがサンジがなんでもといえば、ほんとうに、なんでも、だった。草や木の根《ね》はいうまでもなく、強くなりたい一心で、土や砂《すな》、石まで食べた。それでも病気《びょうき》にならなかったのだから、よほどがんじょうな歯《は》とおなかだったのだろう。

一心とはおそろしい。サンジは、このめちゃくちゃな食事《しょくじ》と、練習《れんしゅう》につぐ練習で、ほんとうに強くなってしまった。

いっか月《げつ》もたつと、サンジはなんと、岩さえほれるようになっていた。かけ声も「わっせ、わっせ」ではなく、「イーヤッホー」とか、「ふふふん、ふふふん」という鼻歌《はなうた》などになっていた。

岩をほりながら、そのほった岩を食べるときなど、すさまじい。けたたましい音がして、あっというまに岩に穴《あな》がとおり、そのトンネルには、じゃりとサンジのフンがつまっている、というわけだ。

サンジのつめは、岩をほるようになって、かえってがんじょうになった。岩をほったりすれば、つめはけずれてなくなってしまいそうなものだが、サンジの場合《ばあい》はそうではなかった。ほった岩を食べたのがよかったのかもしれない。

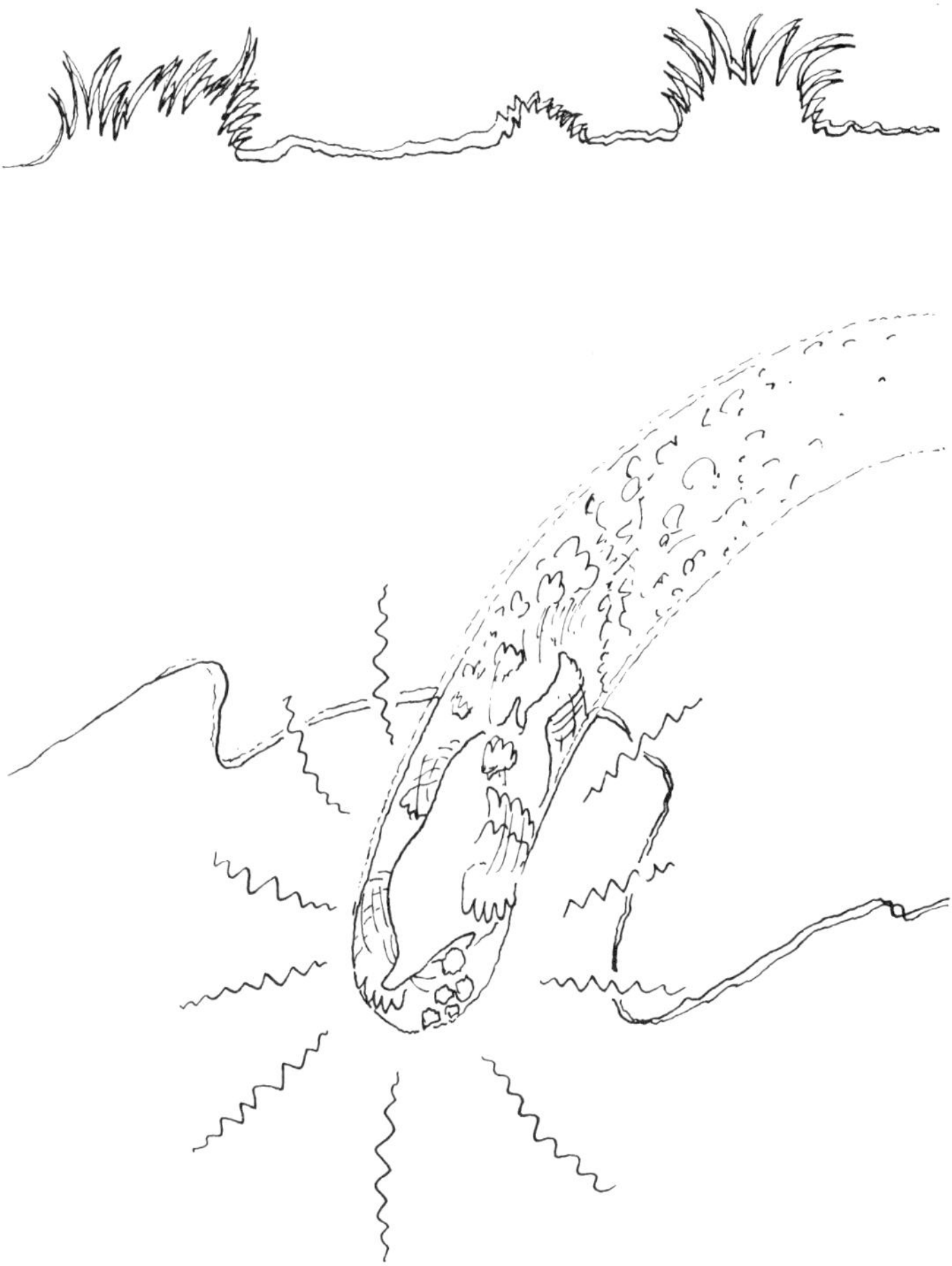

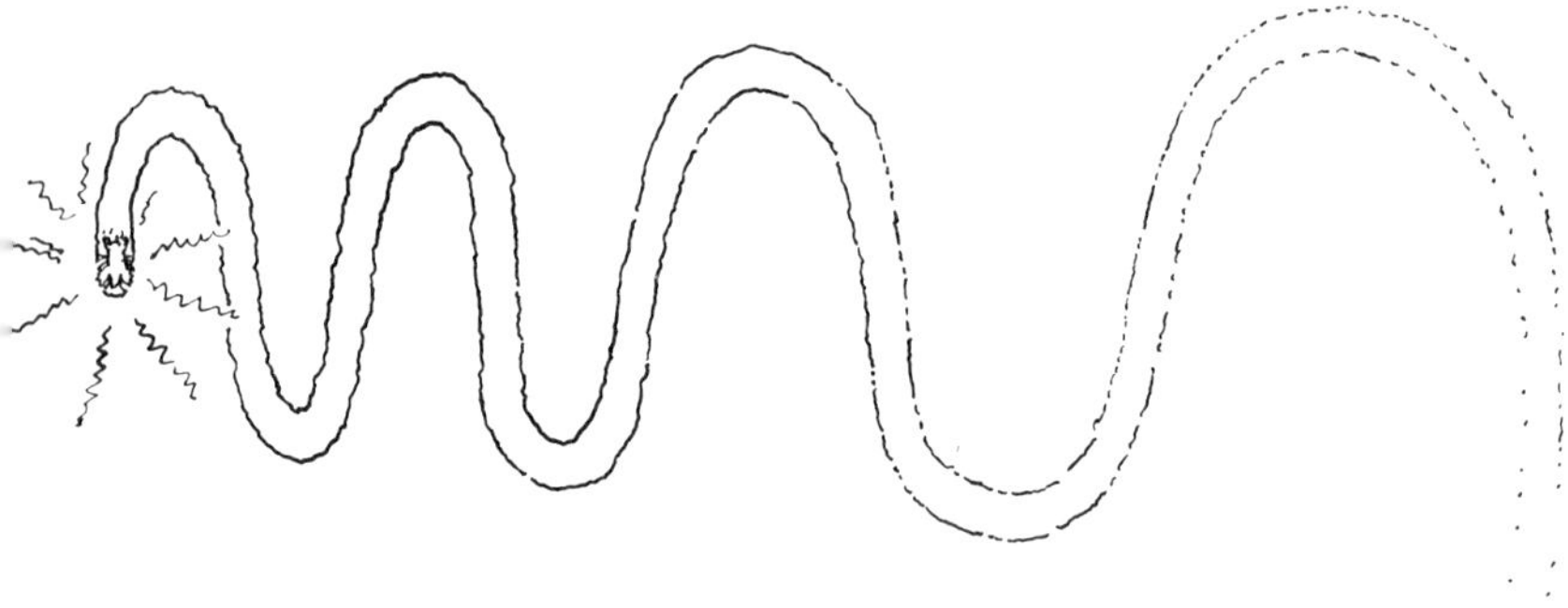

とにかく岩さえほりぬけるのだ。土をほるときのスピードといったら、信《しん》じられないほどだった。手足が目にもとまらぬはやさでうごき、土がうしろへうしろへと流《なが》れていく。

もはや地面《じめん》の下にはサンジをさえぎるものは、なにもなかった。

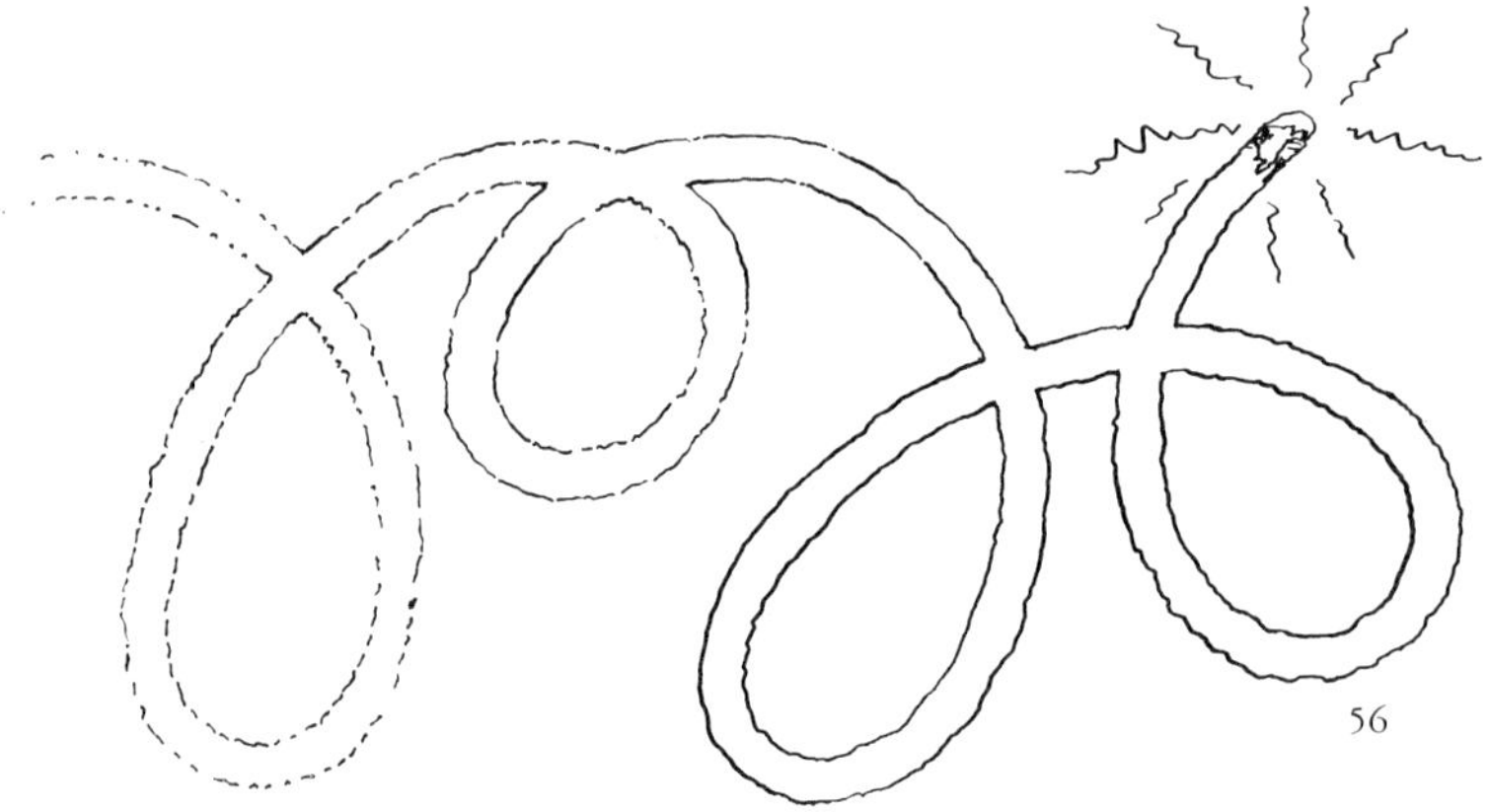

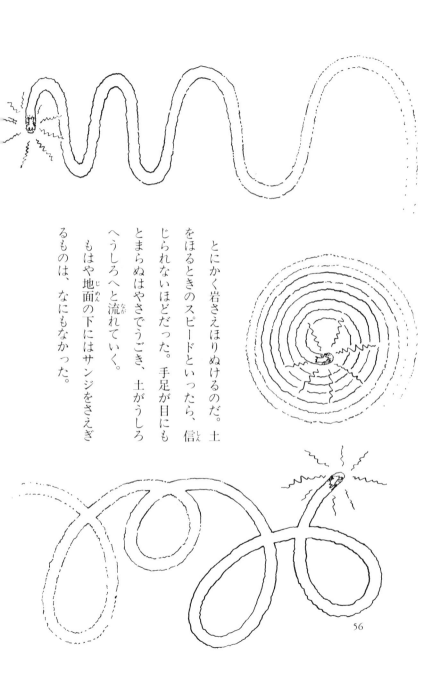

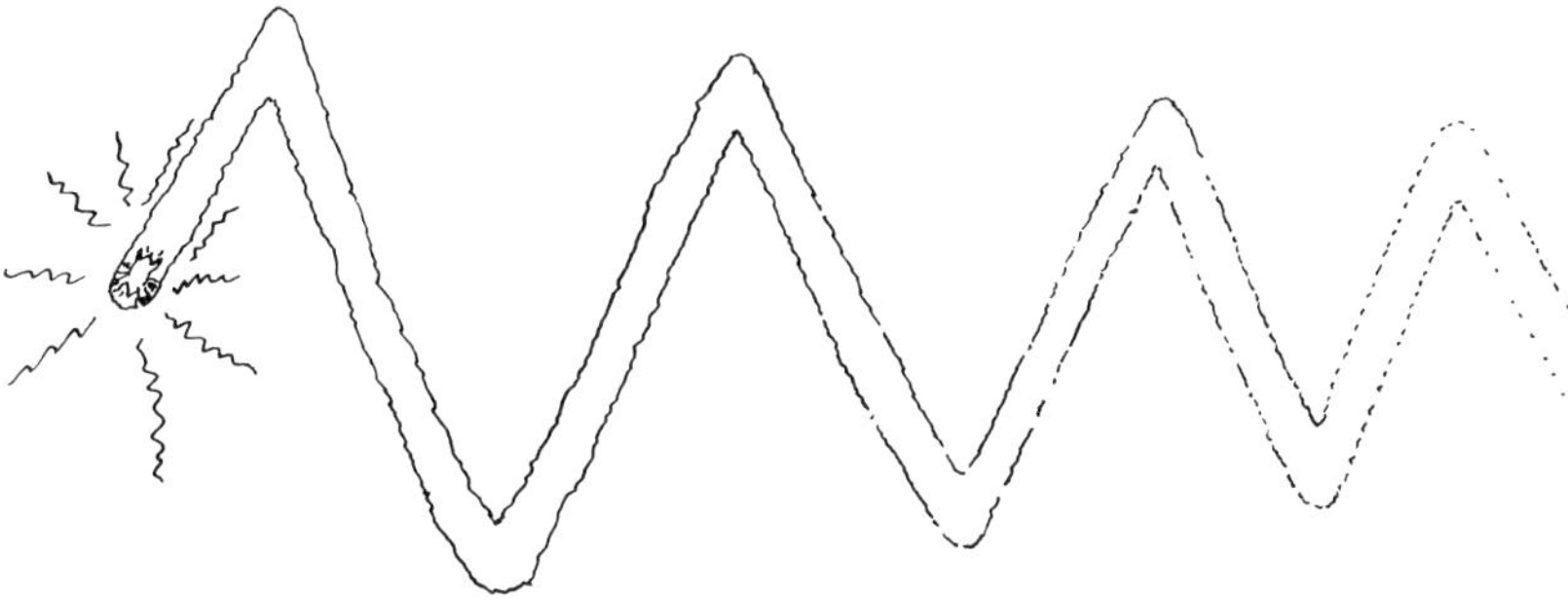

あるときはジグザグに、あるときはうずまきがたに、あるときはあおむけになって、野原の土のなかを、サンジのわらい声や、かけ声や、鼻歌《はなうた》が、おそろしいほり音といっしょに、とおりすぎていくのだった。

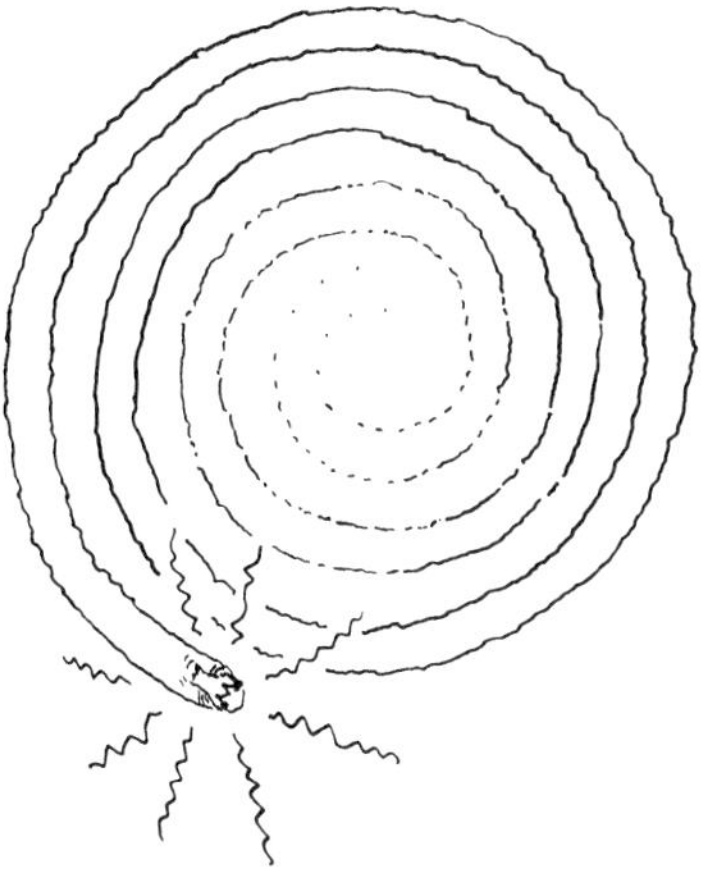

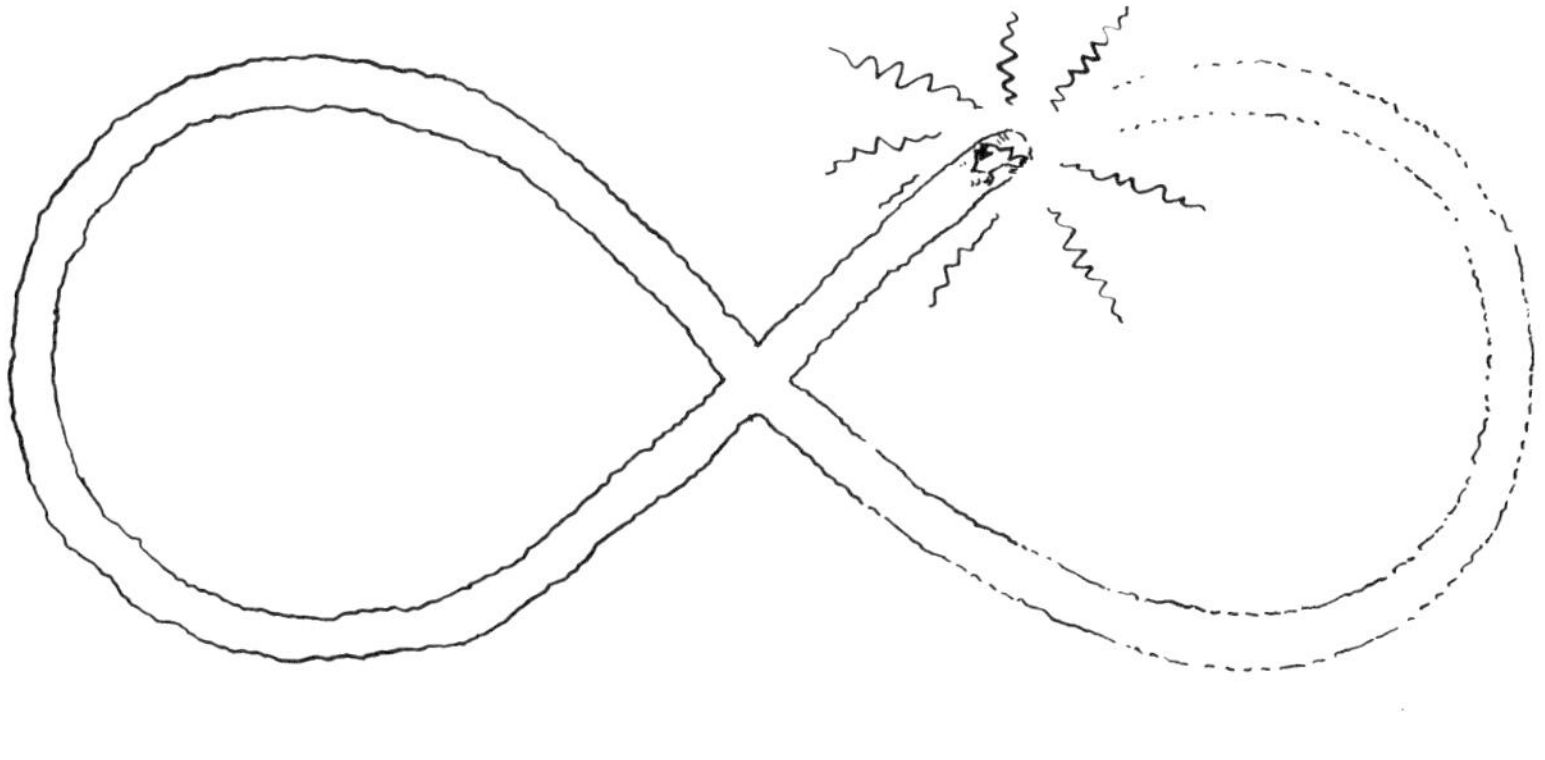

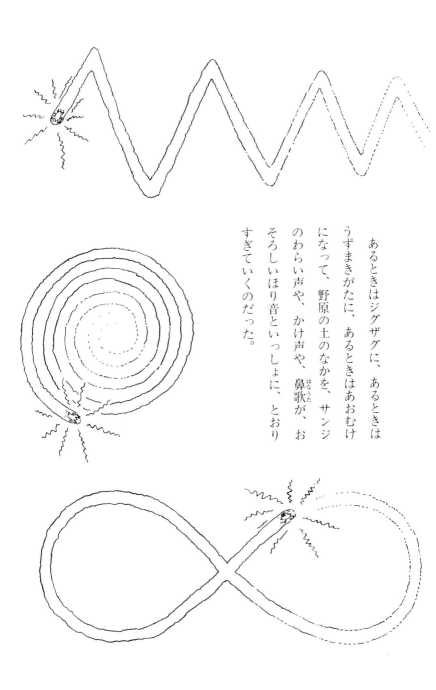

ほった岩を食べるんだって？　こりゃたしかに信《しん》じられない話だ。そう思ったぼくにモグラはいった。

「信じられないと思うのは、まだはやいのです」

長老会議《ちょうろうかいぎ》がひらかれた

ところで、大きな大きな山のふもとの、広い広い野原には、多くのモグラがすんでいた。

そのモグラたちは、このところおちつかなかった。しょっちゅう土のなかを、みょうな音とひびきが伝《つた》わってくる。遠くくぐもった音、腹《はら》にこたえるひびき。それが近づいてきたり、遠ざかっていったりする。

近づいてくるときがおそろしい。遠くで聞こえていた音とひびきが、うなるようにせまってくると、トンネルがびりびりふるえだし、土がばらばら落《お》ちてくる。

それだけならまだいい。音とひびきが、ぐわあっと近づき、もうだめだと思ったしゅんかん、風が鼻《はな》の前をふきぬける。静《しず》かになって気をとりなおすと、トンネルの一部《いちぶ》がくずれている。

土のなかを風がとおる？　そんなことはどのモグラも聞いたことがなかった。

いちどでも鼻の前を風によこぎられたモグラは、もう遠くでかすかに音が聞こえるだけで、どきっとして小さくなった。トンネルさえこわす風だ。もしまともにぶつかったら……。そう考えると、生きたここちがしなかった。

もちろん、風の正体はサンジだ。

サンジは鼻のよいモグラだったから、ほかのモグラにぶつからないようにしていた。十メートルも手前でモグラのけはいを感《かん》じとり、わずかに方向《ほうこう》をかえるだけで、事故《じこ》はおこらなかった。

だが、ほかのモグラはそんなことは知りはしない。ひたすらおそれた。

サンジは、その年うまれのモグラのなかでは、早くうまれたほうだったので、まだ巣《す》ばなれできない子どもをかかえる母親もいた。母親モグラは、子どもを殺《ころ》されはしないかと、とりわけけいらだった。

ちょうしのくるったモグラたちは、おかしなことをはじめた。

ふつう、モグラどうしが出会ったら、相手《あいて》をおいはらおうとする。だからモグラとモグラが語りあうということは、考えられない。ところが、この野原の寝不足《ねぶそく》のモグラたちは、ひょっこり出会うと、けんかをすることもわすれて、音と風について話しあうようになってしまった。

わざわざとなりのモグラの穴《あな》まで、ミミズのおみやげをもってでかけていき、自分の不安《ふあん》を話しにいくというものもいた。また、三びき、四ひきと鼻をよせあい考えこむ、ということさえおこなわれるようになった。これは、モグラ社会の大変化《だいへんか》だった。

そうこうするうち、あるモグラが風の声を聞いたといいだした。

トンネルのなかを風がふきぬけるとき、

「ごめんねっ」

と、さけんだのが、たしかにモグラ語だったというのだ。

まさかモグラのなかまに風モグラなどいるわけなかろう、とうわさされているところに、こんどはべつのモグラが、自分の巣《す》のすぐよこを音とひびきがとおるとき、

「イーヤッホー」

という、モグラ語のかけ声を聞いたといいだした。

しかし、いちばんはっきりしたのは、ある年とった信用《しんよう》のおけるモグラの話だった。

ねむろうとしたとき、遠くからあの音とひびきが近づいてきたという。いそいで大きな手で耳をおさえた。が、音はますます大きくなり、こちらにむかってやってくる。ひびきがトンネルをゆさぶる。もうだめだ。そう思ったとき、ぴたりと静《しず》かになった。耳をすますと、ちょうど二十センチばかり下で、あくびが聞

こえた。

「もう、ねむろうっと」

モグラ語のつぶやきがつづいた。年とったモグラは、勇気《ゆうき》をふるってさけんでみた。

「そ、そこにいるのは、あんたは、モグラかい？」

「ぼく、モグラ」

もどってきた声は、若《わか》かった。

「いま、そこまで、すごいいきおいでやってきたのは、あんたかね？」

「え？　ぼく、すごいいきおいだった？」

年とったモグラは、あとでみんなに話すとき、どうもあいつ、自分じゃふつうにほってるつもりらしい、と首をひねった。

「あんた、名前はなんていうんだね」

「ぼく、サンジ」

それがさいごの会話で、あとはすごいいびきがひびいてきて、もうなにを話しかけてもそいつはねむりつづけた。いびきが聞こえているあいだ、年とったモグラはまんじりともせず、サンジとのやりとりを頭のなかでくりかえしていた。が、だしぬけに、どどどど……と、トンネルがゆさぶられ、

「お、おい、サンジさん」

よびかけたときには、もう音とひびきは遠ざかっていた、という——。

さあ、いままで野原じゅうのモグラを不安《ふあん》におとしいれていたのが、サンジという若者《わかもの》だったとわかったとたん、みんなのたいどは変《か》わった。とんでもないやつだ、ということになった。

ところが、へんなことがはやりだした。

若《わか》いモグラのなかに、サンジにあこがれるものがでてきたのだ。自分のトンネルを持《も》たず、ほることをたのしみ、ほりながら食べ、好《す》きなところでねむる。その気ままなくらしぶりが、一部《いちぶ》の若いモグラには、とてもすてきなことに思えた。

なんびきもがサンジのまねをして、

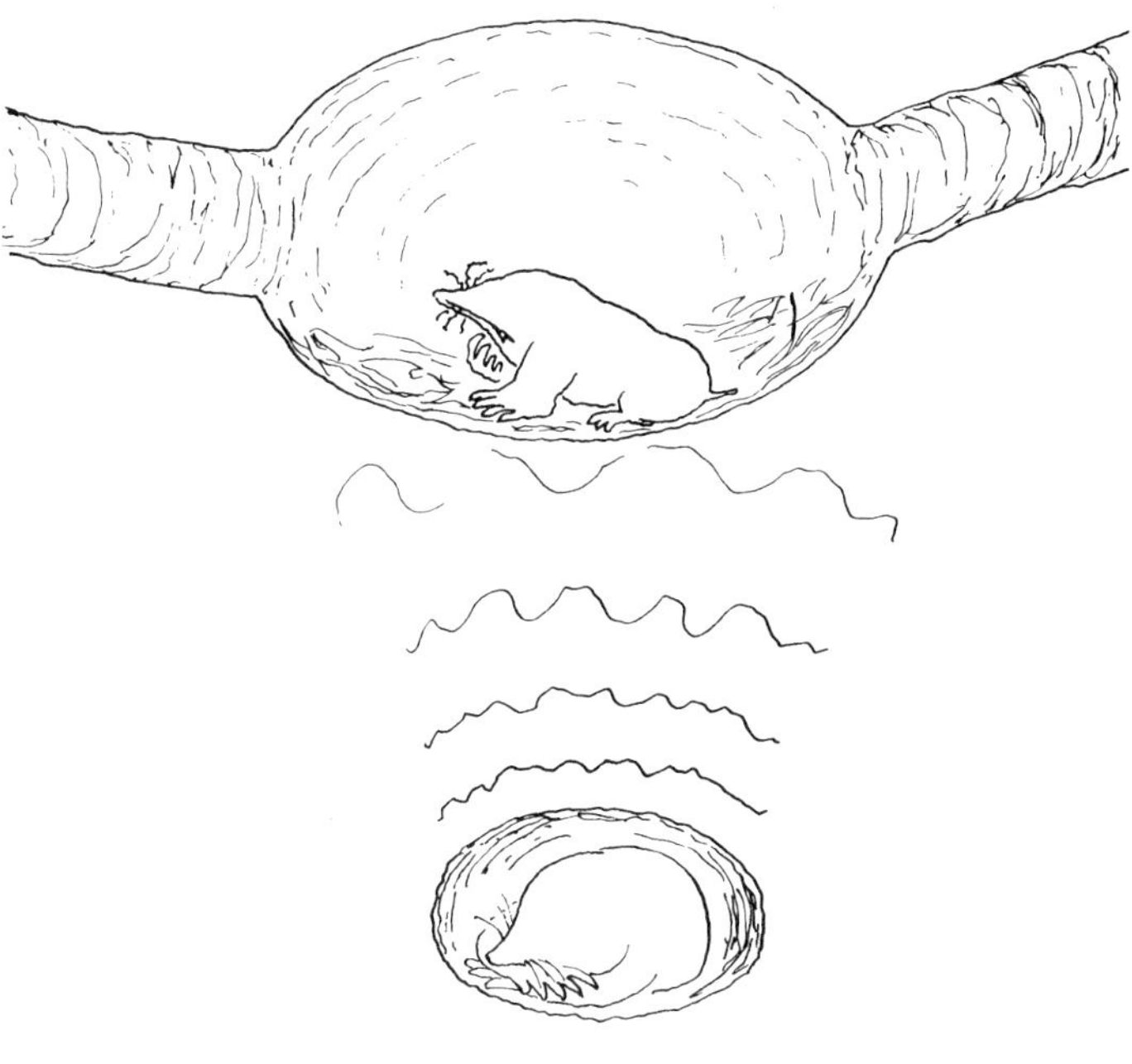

「イーヤッホー」

と声をあげ、ひとのトンネルに穴《あな》をあけるのもかまわず、地中をかってな方《ほう》向《こう》にほりはじめた。なかには運《うん》よく寝《ね》ざめのサンジに出会えるものもいた。

そんな若者《わかもの》は胸《むね》をはずませ、サンジに弟子《でし》入《い》りをたのみこんだ。

「サンジさん、ぼくもつれていってください」

サンジは気のいいモグラだったので、

「いいよ」

うなづくのだが、いっぴきとしてサンジのスピードについていけるものは

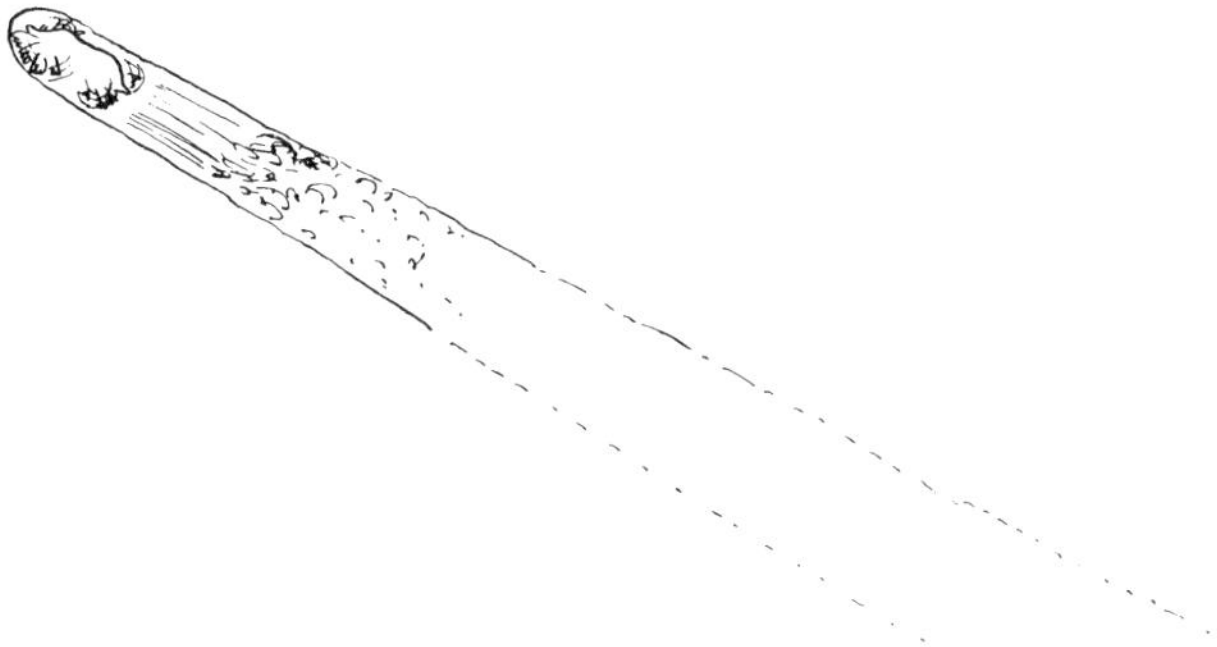

いなかった。
　たいていのモグラは、それであきらめた。しかし熱心《ねっしん》な連中《れんちゅう》は、これはサンジのようになんでも食べないと、あの体力がつかないのだと、モグラがいままで食べなかったものを、このんで食べることさえはじめた。
　そうなると、年とったモグラたちはよけいおちつかなくなった。こんなでたらめなことがはやりだすと、モグラ社会はめちゃくちゃになってしまう。サンジいっぴきでも、これだけのさわぎだ。なんびきも同じようなのにでてこられてはたまらない。いまのうちになんとかできないか。

そう考えた年よりたちは、野原にモグラがすみだしてからはじめてという、長老会議《ちょうろうかいぎ》をひらくことを思いついた。

野原じゅうによびかけられてあつまった長老たちは、十二ひきいた。ほんとうは十五ひきのはずだったが、なにしろ年よりでうごきがにぶい。あつまるとちゅうでフクロウにでもつかまってしまったにちがいない。

十二ひきの長老たちは鼻《はな》をよせあい相談《そうだん》した。そしてサンジに伝《でん》

言《ごん》を伝《つた》える使者《ししゃ》をおくることをきめた。しかし、すごいいきおいでほりまわっているサンジだ。使者がサンジをおいかけるわけにはいかない。そこで、使者がサンジをまちかまえるように考えた。

まず、広い野原を百の地区《ちく》にわけた。それぞれの場所《ばしょ》からいっぴきずつ、つまり百ぴきのモグラを使者として選《えら》びだす。使者には伝言をおぼえさせる。百ぴきもいれば、どこかでだれかが伝えることができるだろう。

伝言《でんごん》のことばは、つぎのとおりだった。

サンジに伝《つた》える。

おまえはかって気ままに野原じゅうをほりあらし、
みんなのねむりをさまたげ、トンネルをこわし、
やすらかなくらしをおびやかしている。
のみならず、若《わか》いものにおまえをまねるもの多く、
これからのモグラ社会にくらいかげをおとしはじめた。
よって、このあと、

おまえはほかのモグラと同じように
自分のトンネルをてきとうな場所《ばしょ》にさだめ、そこにすむこと。
この伝言は、野原のモグラを代表《だいひょう》する長老会議《ちょうろうかいぎ》の決定《けってい》であり、
これにしたがわないときは、
野原からおいだすものとする。

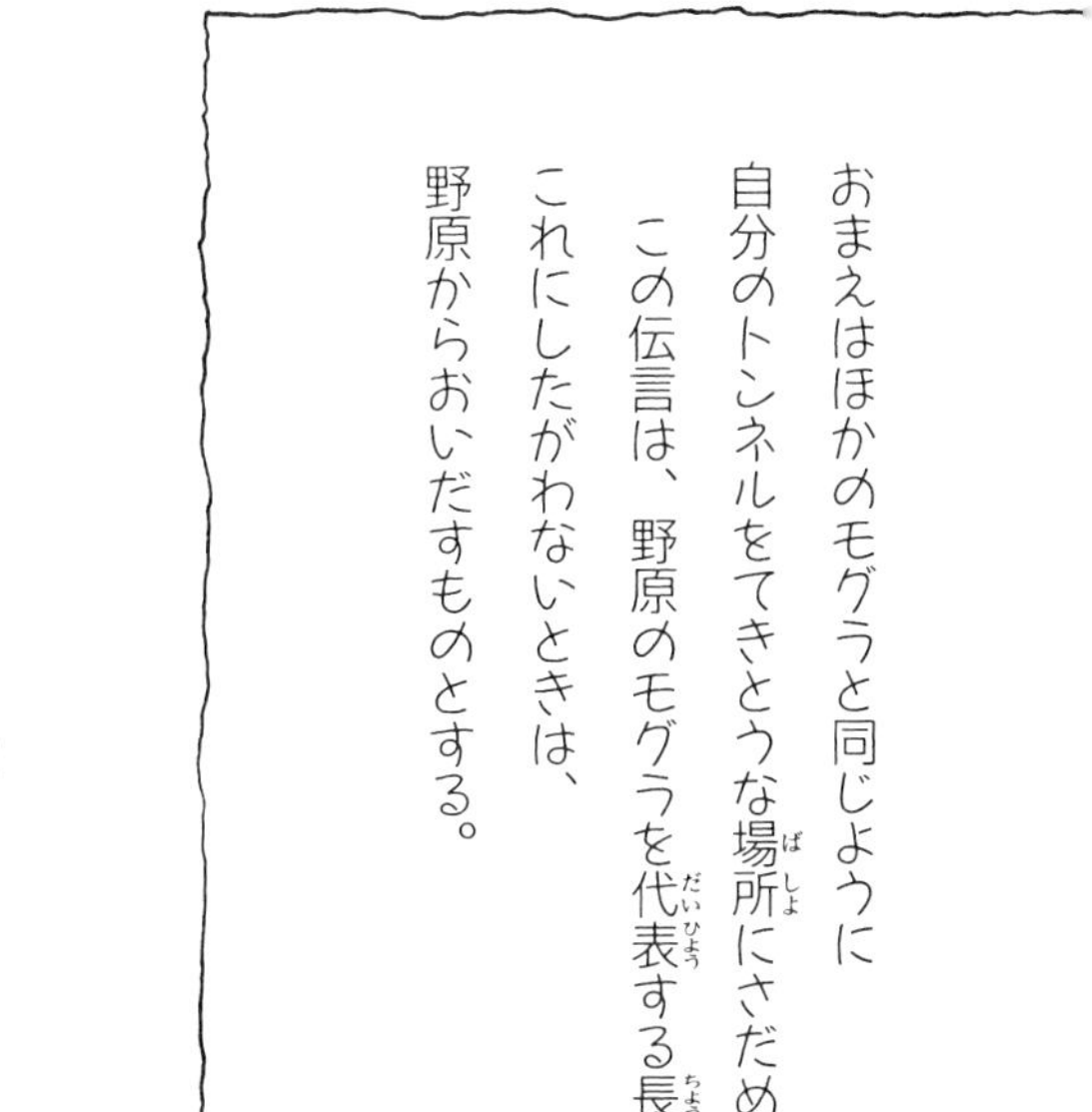

そんなことになっているとは夢《ゆめ》にも思わぬサンジは、そのころ、
空中に飛《と》びあがる練習《れんしゅう》をたのしんでいた。

全速力《ぜんそくりょく》で地面《じめん》をつきやぶってとびあがる。かあちゃんとわかれたころは、せいぜい三十センチほどだったが、いまでは五、六メートルも飛《と》べた。

はじめはとびだすだけのたのしみだった。しかしあるとき、空中で手足の形をかえると、それにつれてからだのむきが変化《へんか》することがわかり、ころがらずに着地《ちゃくち》できるようになった。

つぎに、着地のしゅんかんに土をほりだすことをおぼえた。それはちょうど、海からとびだしたイルカが、頭から海にとびこんでいくのににていた。

ところで、野原にすんでいるのは、モグラばかりではない。サンジがその練習《れんしゅう》にこっているとき、ひょっこりキツネがやってきた。

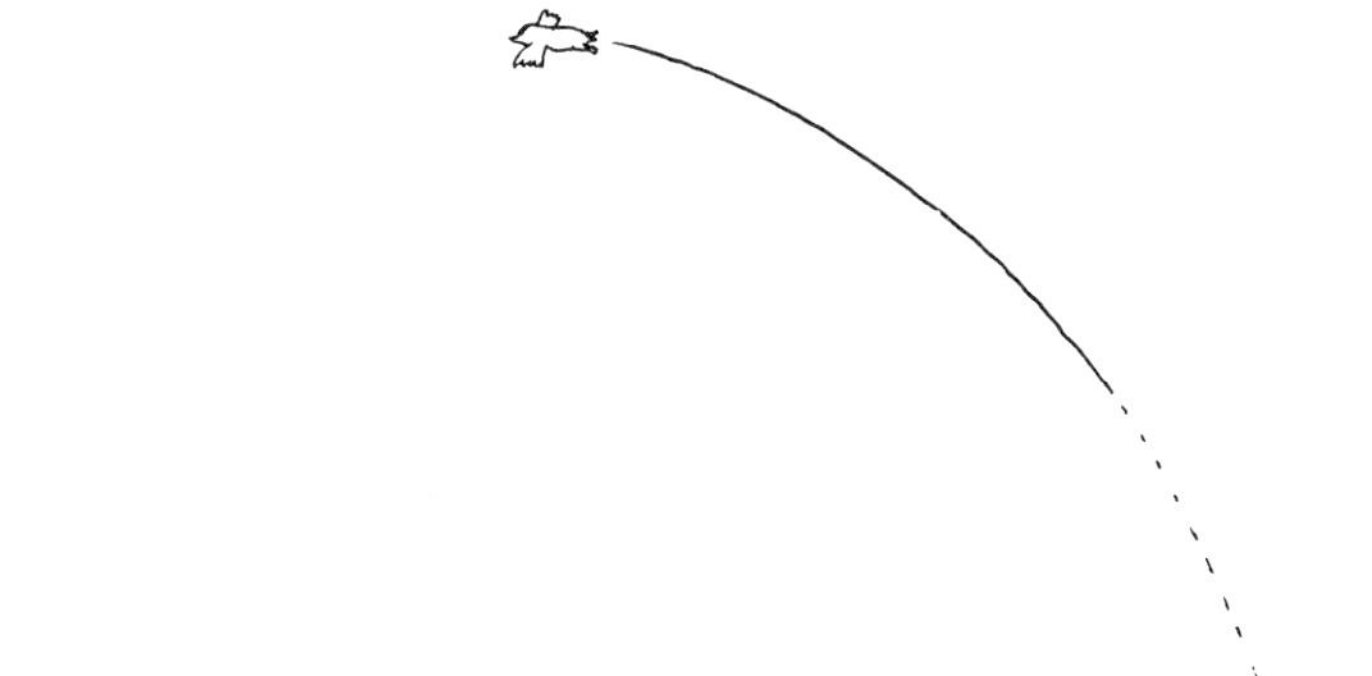

キツネは、見なれないものを見て、ぎょっとした。モグラのような形をしたやつが、とつぜん地面《じめん》からとびだして、空中を虹《にじ》の形にとんで地中に消《き》える。と、べつの場所《ばしょ》から、またとびだす。

こいつはいったいなんだ。モグラならちょいとにおいがきついが食べたことがある。しかしモグラがとぶわけはない。こいつは食べられるだろうか。とにかく、かみついてやれ。

そう考えたキツネは、サンジがおりてくるところをねらって、キバをむきだしかみついた。

サンジはとつぜんせまった危険《きけん》を感《かん》じた。ひっしでからだをひねると、手足をもがいた。

空気にかみつくキツネの歯《は》の音がした。

なんとサンジは、空中を自分の力で飛《と》んだのだった。

キツネから十メートルもはなれたところに着地《ちゃくち》して、土のなかふかくもぐったサンジは、いまおこったできごとを考えてみた。

胸《むね》がどきどきするのは、おそろしさだけではない。いまたしかに、あたらしいことをしたようだ。

「ぼく、あいつみたいに飛《と》べたんだろうか」

あいつというのは、鳥のことだった。とびあがる練習《れんしゅう》をしていて、もっと自由《じゆう》に飛ぶ生きものとすれちがったことがある。鳥がサンジにおどろいて、方向《ほうこう》をかえて飛んでいったのだ。そのときサンジは、自分もああいうぐあいに自由に飛べればと、思ったものだ。

「ぼく、あいつみたいに飛べたんだろうか」

サンジはもういちどつぶやいた。

正しくいうなら、サンジの場合《ばあい》は、飛んだというより、空中をほり進《すす》んだというほうがあたっているだろう。というのは、サンジがもがいた手足のうごきは、土をほるときとまったく同じだったのだから。

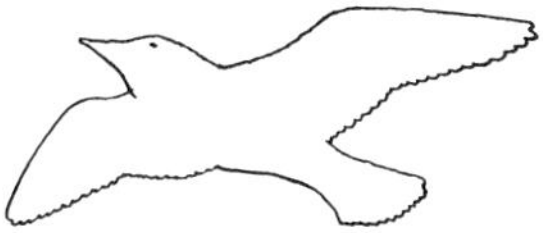

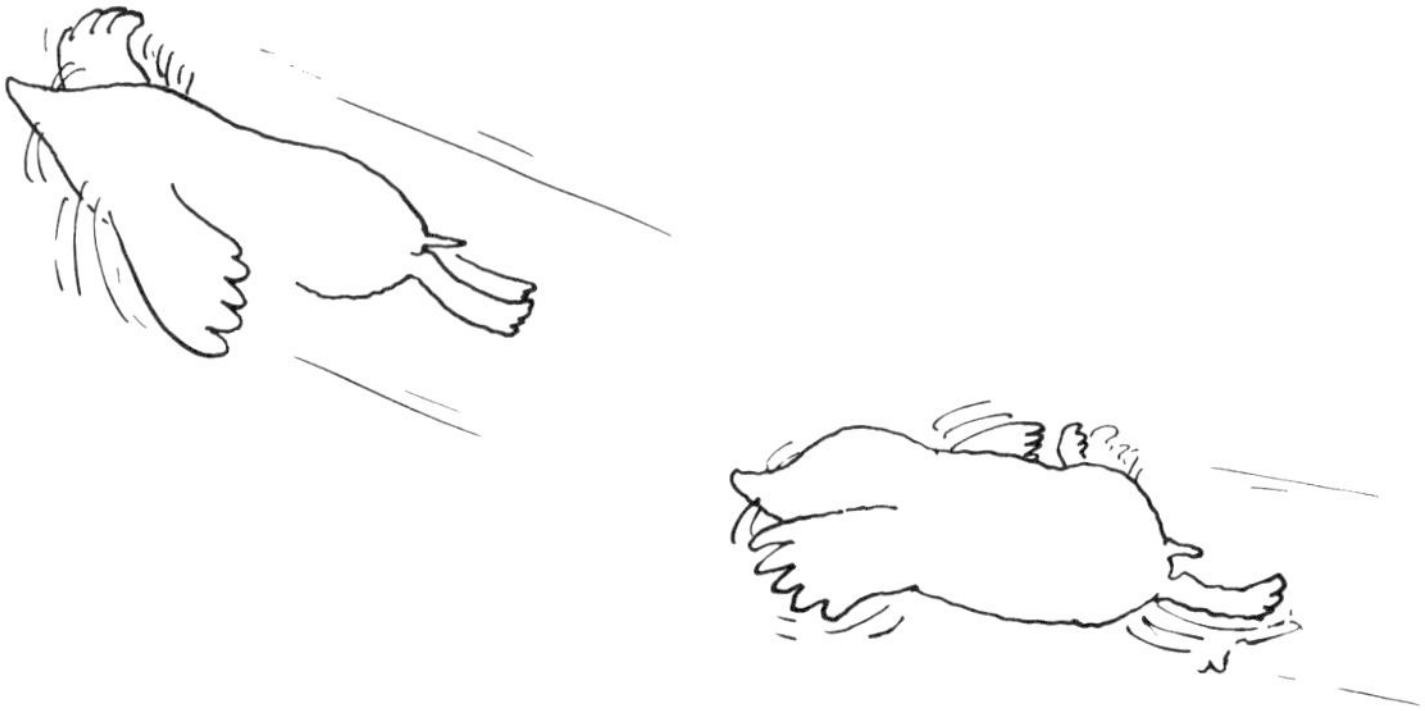

しかしこのことはサンジを興奮《こうふん》させた。それからというもの、毎日のように空中を飛《と》ぶ練習《れんしゅう》をした。

どのくらいのはやさで手足をうごかせばよいのか、どれほどの角度《かくど》で地面《じめん》からとびだすのがいいのか、ためしてみることはいっぱいあった。

地面からとびだしたいきおいに、手足のうごきをくわえると、十メートルほどの高さにのぼることができた。あとはだんだん低《ひく》くなりながら、できるだけ遠くまで距離《きょり》をのばす。これがはじめの段階《だんかい》だった。

それがあるとき、うしろ足をうごかすのをやめると、もっと高く、もっと遠くまで飛べることに気がついた。うしろ足のうごきは、かえって速度《そくど》をおとしていたらしい。うしろ足は、からだのむきを安定《あんてい》させたり、方向《ほうこう》をかえたりするときにだけうごかすほうが、ぐあいがよかった。

その逆《ぎゃく》もためしてみた。うしろ足だけうごかす方法《ほうほう》だ。これはまったくだめだった。

そのうちに、手のほうも、土のなかを進《すす》むときほど前方にだす必要《ひつよう》がないことがわかってきた。そして左右のうごきを同じにするほうがからだが安定《あんてい》し、手はただうしろにかくのではなく、あおるようにするのがいいということもわかった。飛《と》ぶことはたのしかった。空中は地中よりも変化《へんか》がある。夜と昼、雨や風。風をうまく使《つか》うと、ずいぶん遠くまで飛べた。

あたらしい食べものに出会えるのもうれしかった。歯《は》ごたえはないものの、飛ぶ虫を空中でとらえて食べるのはおもしろい。木は根《ね》なら食べてはいたが、地上にはもっとおいしいところがあった。口にふくんだだけで、とろけていくような甘《あま》い食べものにはおどろいた。それは、けっこうかたい木の実《み》だったのだが、岩を食べるサンジには、食後の口なおしにちょうどよかった。

モグラが空を飛《と》ぶ、というのだ。

語り手のモグラは、ぼくがあんぐり口をあけ、つぎに首をひねるのを感《かん》じとったようだった。

「モグラが人間のことばをしゃべるのを信《しん》じるのなら、空を飛ぶのも信じなくちゃ、不公平《ふこうへい》というものじゃありませんか」

と、彼《かれ》はいった。

なるほど、とぼくは思ってしまった。

北のはての使者《ししゃ》は、まじめモグラだった

サンジのたてる音とひびきが、まえとはすこしかわったことに、モグラたちは気づいていた。きゅうに音がしなくなったり、とつぜんはじまったりする。それは、まえよりもみんなをいらいらさせた。

なぜだろうと考えてはみた。だが、どのモグラに、サンジが空中を飛《と》びはじめたせいで音がかわったなどと思いつけるだろう。モグラたちが思うことといえば、使者《ししゃ》がはやくサンジに伝言《でんごん》を伝《つた》えればいいのに、ということぐらいだった。

ところが、使者たちは、いっぴきとしてサンジに出会えなかった。それどころか、ときがたつうちに、百ぴきの使者のなかで、三十ぴきは伝言をとぎれとぎれにしかいえなくなり、二十ぴきはまちがっておぼえており、十五ひきはまったく思い出せなくなっていた。のこりの三十五ひきのうち、伝言をいえるのは三十三びきで、あと二ひきはほかの動物《どうぶつ》に食べられていた。まじめな三十三びきの、半数以上《いじょう》のモグラは、伝言をわすれないようにしようと気にかけすぎて、からだのちょうしがおかしかった。

さて、大きな大きな山のふもとの、広い広い野原の北のはての使者は、まじめな三十三びきのなかでも、とりわけまじめなモグラだった。ねむるまえとミミズを食べたあとには、伝言を復習《ふくしゅう》するのをわすれなかった。そしてそれをめんどうだとか、いやだとか、思ったことはなく、からだのちょうしも、使者に選《えら》ばれてからのほうが毛のつやがよくなったぐらいだった。

そのモグラが、ある日とつぜん、ひびきにおそわれた。

サンジだった。その日サンジは、五百メートルの飛行《ひこう》に成功《せいこう》し、着地《ちゃくち》したのがちょうど北のはての使者《ししゃ》のトンネルの、すぐそばだったのだ。

地ひびきのショックがおさまると、ごくりとつばをのみこんだまじめモグラは、声をはりあげた。

「も、もしかして、サンジさんでしょうか」

「ぼく、サンジ。でも、どうして知ってるの？」

土のむこうからくぐもった声がかえってきた。使者はぶるっとふるえた。きょうのこのときのために、毎日毎日練習《れんしゅう》にはげんできたのだ。

「わ、わたしは、あなたに伝言《でんごん》を伝《つた》える百ぴきの使者のうちのいっぴき、北のはての地区《ちく》をたんとうするものです。いまから伝言をいいますから、聞いてください」

ひといきにそこまでいって、いよいよ伝言をいおうと、胸《むね》いっぱい息《いき》をすいこもうとしたとき、ざざっと音をたて、サンジが使者のトンネルに顔をだした。思わず使者はあとずさりした。

「どうしておじさんが北のはての地区《ちく》をたんとうするものなの？　ここより北にはモグラはいないの？」

「そ、そうです。では、伝言《でんごん》を聞いてください」

「どうしてここより北にはモグラがいないの？」

まじめなモグラは、たずねられると思わずこたえてしまうたちだった。

「この春から、ここより北にはいなくなったんです。伝言を聞いてくだ」

「どうしていなくなったの？」

「なんでも、とてつもなくでかいヘビがい

て、いや、そんなことより、伝言を聞い」

「ヘビって、モグラを食べるの？」

「そうらしいです。伝言を」

「ヘビって、どんなやつなの？」

「その、ミミズを大きくしたようななりをしているらしいです。それより、伝言」

「ヘビって、岩よりかたい？」

「岩よりかたいヘビなんていません。伝」

「ありがとう」

あっというまに風がまきおこり、サンジの姿《すがた》は消《き》えていた。まじめモグラは、せっかくおぼえていた伝言を伝《つた》えることができなかった。

サンジは、北へ北へと土のなかをほり進《すす》んだ。飛《と》ぶほうがはやいのだが、ヘビのいるところをいきすぎてしまうとまずい。ヘビを食べてみようと思っていた。岩よりやわらかくて、ミミズのようなやつなら、食べられるはずだ。いったいどんな味《あじ》だろう。もしおいしいなら大きいほうがいい。サンジは胸《むね》をわくわくさせて進んだ。

ほどなく、いいにおいが土のなかにまざってきた。スピードをおとしたサンジは、これがヘビのにおいならうれしいなと思った。ゆっくり、ゆっくり、においの強いほうへ、強いほうへと進んだ。

きゅうに、まえの土がなくなった。そして、むせるほど甘《あま》いかおりがサンジをつつんだ。

それは、空気の感《かん》じでは、地面《じめん》にむかってひらかれた、かなり大きな穴《あな》のようだった。においは、ふかい穴のそこからのぼってくるらしい。

「ダーレダ？」

穴のそこから、へたなモグラ語がひびいてきた。

「ぼく、サンジ。このいいにおいはなあに?」

サンジの声も、わんわんひびく。

「イイニオイ? アア、コレカー。コレワ、ホシノニオイサー」

「ホシのにおい?」

「ソーサー。ホシサー。コッチニオリテコイヨー。チカクデニオイヲカイデミナヨー」

「ホシって、なあに?」

「フツウ、ソラニアルヤツサー」

「ソラって、なあに?」

「キミガ、ツチノウエニデタトキ、ズーットウエニヒロガッテルヤツサー。コイツワ、コノハル、ソラカラオチテキタノサー。コノアナモ、ソノトキデキタ。サー、サー、オリテキナヨー」

うっとりするにおいのせいか、そいつのさそいかけるようなしゃべりかたのせいか、サンジはふっとねむくなった。

　ぶるっと頭をふると、サンジはそろそろ穴《あな》をおりだした。

「ホシって、食べるとおいしい？」

　むりにしゃべった。だまっているとねむってしまいそうだった。

「サー、ワタシニワ、タベラレナイナー。デモ、キミナラ、タベラレルカモナー」

　やっぱりこのしゃべりかただ。そいつがしゃべるとねむくなる。

「ホシって、食べるとおいしい？」

　サンジはもういちど同じことをしゃべった。ほかにいうことを思いつけなかった。ねむい。夢《ゆめ》でも見ているような気分で、ふらふらと穴をおりた。

「サー、ワタシナラ、ホシヲタベルヨリ……」

　ホシのいいにおいとはべつの、生ぐさく、つめたい息《いき》が、下からサンジの鼻《はな》にふきつけられた。それと同時に、長い大きなものがずずっとはいあがってくるのを、空気のふるえで感じた。

サンジの足がとまった。

「きみ、モグラじゃないよね」

口にしてからぞくっとした。そのぶんだけねむけがさめた。

「ジャー、ワタシワー、ナンデショー」

たのしむような声が、もうサンジのすぐまえで、ゆらゆらゆれた。ゆれる声がふうっとねむりにひきこもうとする。サンジはひっしにこらえた。

「きみがなにかは知らないけど、ぼく、ヘビってやつを食べようと思って、ここまできたんだ。きみ、ヘビを知らない？」

それを聞くと、そいつは気味《きみ》のわるい声をだした。どうやらわらっているらしかった。みょうなわらい声がとつぜんとまると、するどい声がひびいた。

「ワタシガ、ヘビダ」

つぎのしゅんかん、大きな口がサンジめがけてとびかかってきた。からだをかわすひまはない。サンジはまっすぐ、その口のなかにとびこんだ。

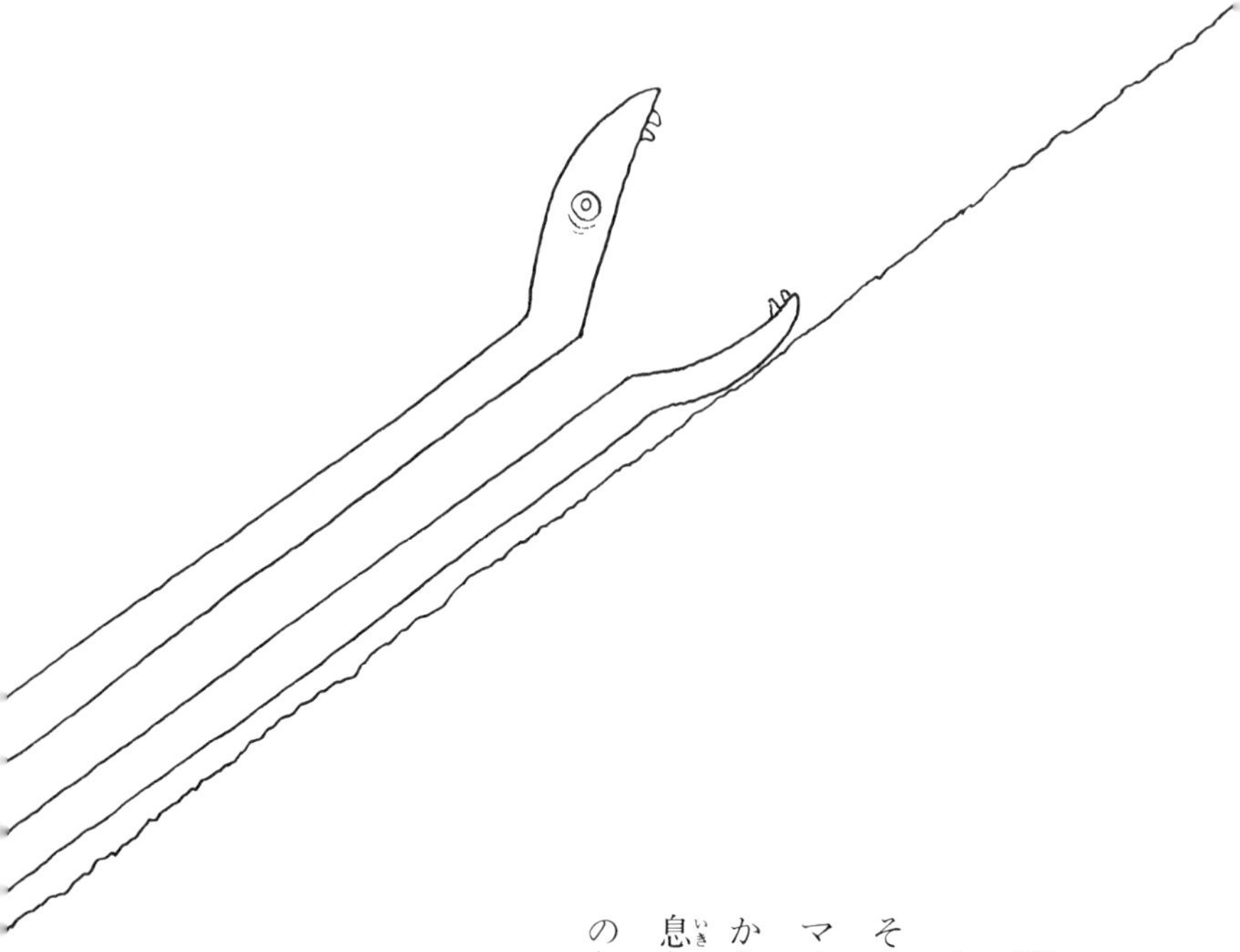

勝負《しょうぶ》は、あっけなかった。
とびかかってきたヘビは、
そのままのかっこうで、
マカロニのように
からだのなかにトンネルをあけられ、
息《いき》たえていた。
のたうつよゆうさえなかった。

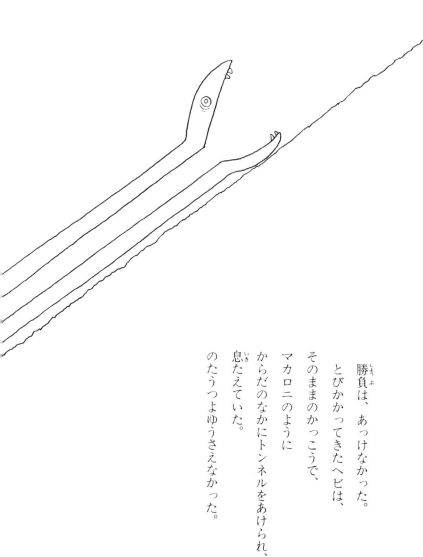

「ヘビって、もうひとつおいしくないや」
しっぽの先《さき》からとびだしたサンジは、
そうつぶやいてから、
のこりのマカロニヘビをたいらげた。
そしてそのあと、
ぐっすりねむった。

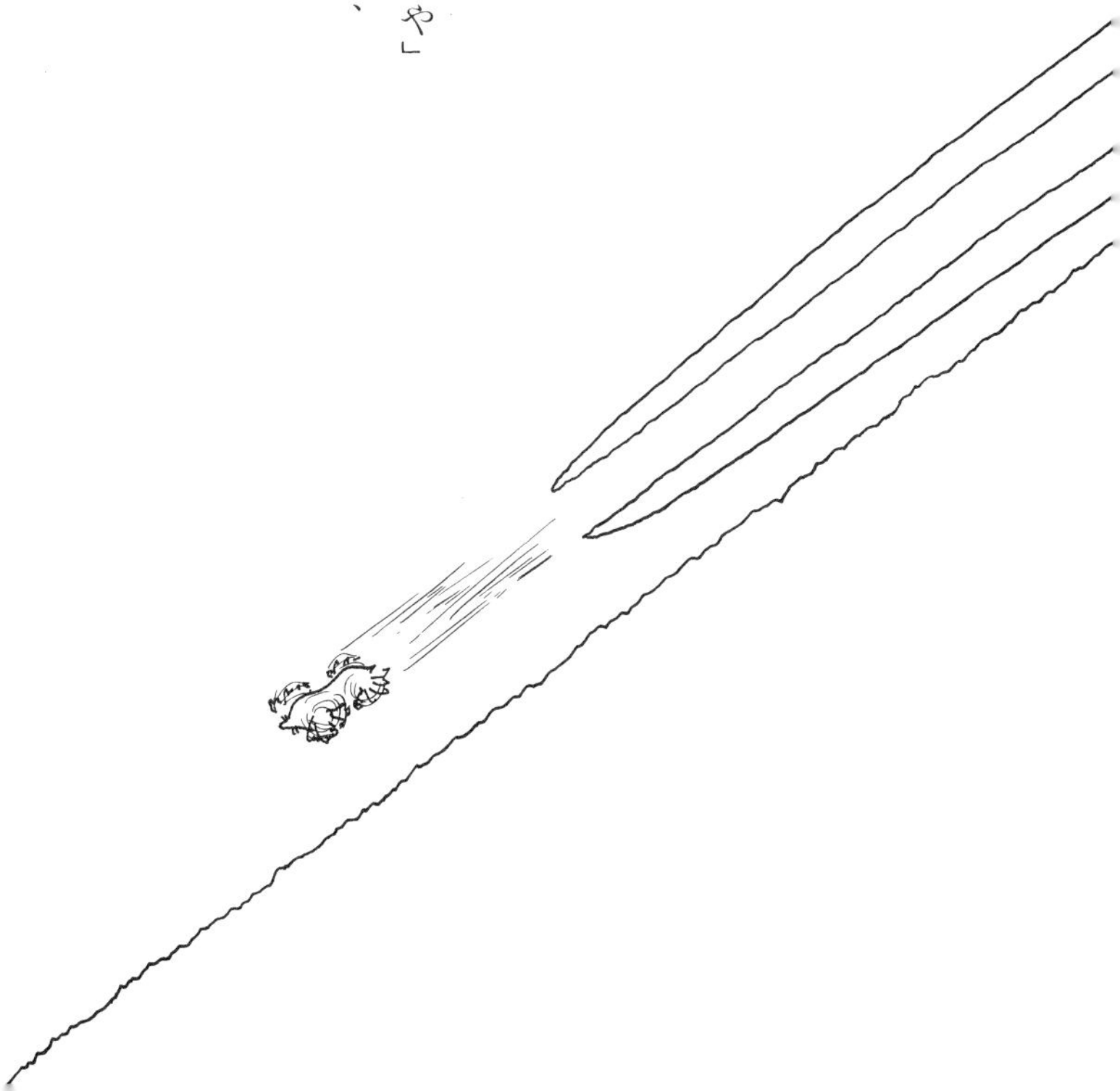

目がさめると、穴《あな》の底《そこ》までおりてみた。たちこめる甘《あま》いかおりのなかに、ヘビのいったホシがあった。直径《ちょっけい》二メートルほどの、まるい形をしたホシは、なぜサンジをうっとりさせるにおいをだすのかわからないが、じっさいのところは金属《きんぞく》のかたまりだった。ほとんどが鉄《てつ》で、そこにいろんな金属がまじりあっているというしろものだ。

サンジはがんじょうなつめでそいつをひっかいてみた。ぽろりとかけらがおちた。口にふくんでみた。なんと甘くさわやかな味《あじ》だろう。あとはもう夢中《むちゅう》だった。とびかかり、いっきにほり進《すす》みながら食べた。たちまちホシにいっぽんのトンネルがとおった。

ふしぎなことに、いままでの食べものとちがって、場所《ばしょ》によって味がちがった。甘いところのあとにさっぱりしたところ、そのあとにこってりしたところや、ぴりりっとからみのあるところ。もちろん歯《は》ざわりもちがう。ばりばり歯ごたえのあるところ、とろけるところ、ざくざくしたところ、こりこりしたところ……。もう、

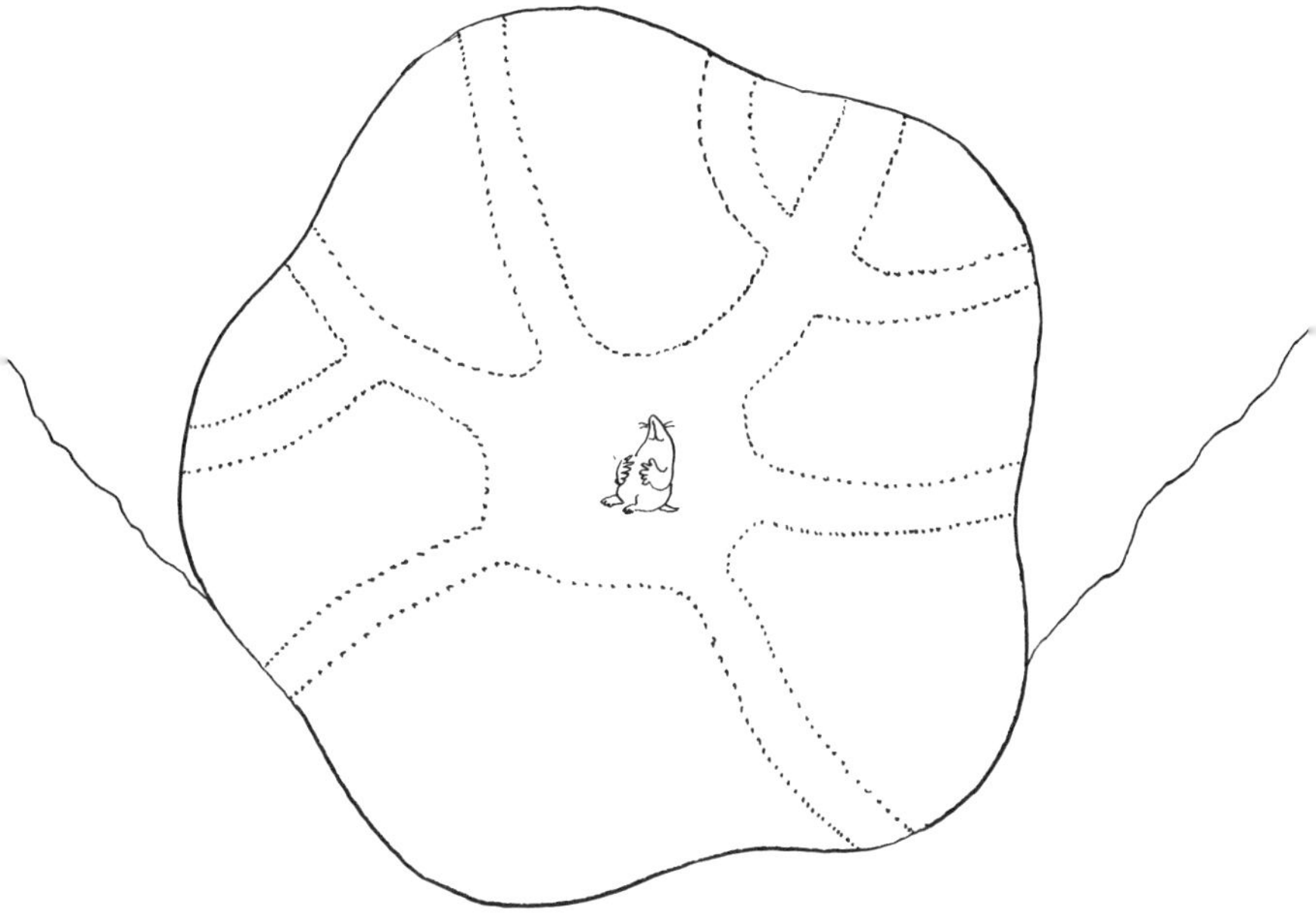

あきるということがなかった。

三日間というもの、サンジはホシのなかで食べてはねむった。その気になれば、一日で食べることもできた。だがもったいなくて、ゆっくり食べた。

もはや穴《あな》の底《そこ》にホシはなく、あるのはサンジのフンばかりとなってしまった。もう穴に用はない。もどろうと穴の坂《さか》をかけのぼったサンジは、おどろいて足をとめた。かけのぼるつもりはなかったのだ。ホシを食べたせいだろうか。サンジは、まえよりももっと自分の力が強くなっていることに気づいた。

ホシの穴からのもどりみち、ふと気がついて、例《れい》のまじめモグラのトンネルによってみた。ホシを食べられたのも、彼《かれ》のおかげだ。ひとことお礼《れい》をいおうと思った。

「サ、サ、サンジさん。あなたですか?」

北のはての使者《ししゃ》は、ゆうれいモグラでもにおうように鼻《はな》のひげをふるわせた。

「てっきり、ヘビにやられなさったろうと思ってましたよ」

「ヘビ? あいつ、もういないよ。ぼく、食べちゃったから」

「へ、へビを、食べた?」

「うん。へビよりホシのほうがずっとおいしいんだよ」

「ホシ?　なんです?　それ」

「ふつう、ソラにあるんだって」

「ソラ?　なんです?　それ」

サンジは、へビとのことやホシのことをまじめモグラに話してやった。

「じゃ、またね。へビのこと、おしえてくれて、ありがとう」

へビを食べたの、ホシがおいしかったの、わけのわからないことをさんざん聞かされ、おまけに礼までいわれ、まじめモグラはあっけにとられるばかりだった。

「あっ、伝言《でんごん》」

かぞえきれないほど首をひねったあとで、北のはての使者がさけんだ。だがそのとき、サンジはもういなかった。

モグラの話では、野原に伝《つた》わる物語《ものがたり》には、ホシのかわりに「力のつく岩」だとか「ふしぎな動物《どうぶつ》の骨《ほね》」が出てくるらしい。で、どうして彼《かれ》がそれを流《なが》れ星《ぼし》だと思ったかというと、「上がひろがった穴《あな》のそこに、大きなかたいものがあった、という点が共《きょう》通《つう》していたのです。となると、これはかなり高いところから落《お》ちてきたのだろう、そう思わないわけにはいかないではありませんか」

というのだ。彼のいうことは、もっともなのである。

南のはての使《し》者《しゃ》は、じまんのすきなモグラだった

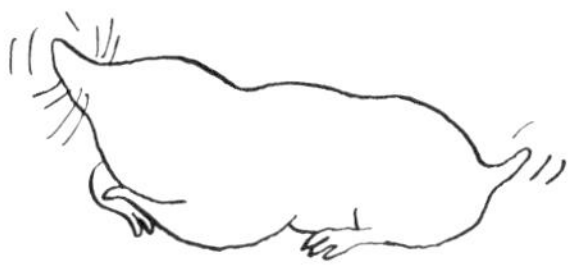

サンジがヘビをやっつけたという話は、野原じゅうのモグラに知れわたった。

しかし長老《ちょうろう》たちやおおかたのモグラは、信《しん》じなかった。だれかがそこにいあわせたわけではない。サンジがそういったというだけだ。また、たしかめるためにそこへ出かけようというものもいなかった。

そして、これはきっと、自分のひょうばんをよくするために、サンジがいいかげんなことをいったのだろう、と長老たちは考えた。

かわいそうなのは、北のはてのまじめモグラだった。サンジに二度《にど》も会いながら、ひとことも伝言《でんごん》を伝《つた》えられなかったと、長老《ちょうろう》たちにののしられた。もうあいつを使《し》者《しゃ》にすることはないだろうと、長老たちは口をそろえた。

サンジはといえば、ホシの歯《は》ざわりがわすれられなかった。もうやわらかいものなど食べる気がおこらない。なんとかもういちどあの味《あじ》に出会いたい。そう思って、ほりまわっていた。

ときとして、あの味を野原の土のなかに見つけることがあった。それは、人間がなにかのひょうしにうずめてしまった古いクギや、缶《かん》づめのあき缶などだった。五十メートルも手前から、そういったもののにおいをかぎつけると、サンジはよろこびの声をあげ、突進し、あっというまに食べてしまうのだった。

さてそのころ、大きな大きな山のふもとの、広い広い野原の南のはてでは、人間たちがきみょうなことをはじめていた。

木を切りたおし、野原の土をすくいとり、そこにべつの土をいれ、一種類《いっしゅるい》の背《せ》のひくい草をはりつけた。

すんでいたモグラたちは、だいたいのものがにげだした。が、なかにはあたらしい土のなかにトンネルをほろうとするものもいた。しかしふしぎなことに、そこにはミミズがいなかった。ミミズだけではない。ほかの虫もいないのだ。たまにいる虫は病気《びょうき》で弱っているか、死《し》んだ虫だった。それでもがまんしていると、そのうちにモグラのからだのちょうしがおかしくなった。だからけっきょく、すべてのモグラがにげだすことになってしまった。

このきみょうなおそろしさは、サンジがひきおこしたさわぎとは、まったくちがったものだった。サンジのたてる音やひびきは、サンジがはげしく土をほるためだと、モグラたちにはわかっている。だが、この人間たちのやりはじめたことは、わけがわからなかった。

南のはての野原には、人間たちがのろいをかけたのだ。のろいの儀式《ぎしき》は毎日つづいた。野原を歩きまわっては、なにやらはげしくふりまわし、かたいものをうちつけてはとばし、わらい、あきれ、ときにはののしりの声をあげるのだった。

モグラたちは、ゴルフなどというものを知らなかったので、人間がカリカリミミズを食べたのだとしか思えなかった。カリカリミミズを食べる。それは、ものごとがうまくいかないときに、いらいらかりかりし、なにかにあたりちらすときにモグラがいうことばだ。たとえばどうしてもトンネルを思うようにほれなくて、頭にきたモグラが、せっかくつくったトンネルを自分でこわしてしまうことがある。そんなとき、カリカリミミズを食べたせい、などというのだ。

そのあたりのモグラたちは、こんなぶっそうなところから、できるだけ遠くへにげだそうとした。が、近くにとどまるものがいた。南のはての地区《ちく》をたんとうする使者《ししゃ》だった。

このおばさんモグラは、つねづね自分は度胸《どきょう》があるとじまんしていた。だからひとより遠くへにげるわけにはいかなかった。また、南のはての使者にえらばれたことも、じまんのひとつだった。だから、だれよりも南にいなければならないと思っていた。といっても、伝言《でんごん》のことばはすっかりわすれていたのだが。

おばさんモグラはおちつかない気分ですごしていた。人間たちがのろいをかけた場所《ばしょ》のすぐ近くのトンネルのせいか、ミミズの数もすくなかった。それよりも、音にいらつく。数人ずつ歩きまわる音。びゅっと空《くう》を切る音。ざくっと土をすくう音。金属的《きんぞくてき》な、みょうにひびく、モグラをばかにしたような音。そしてそれらの音にかならずつづくわめき声。

そんな音と声は、まるでだれもいないかのような静《しず》けさにはさまれてやってきた。これにはいらだった。いっそうるさくするなら、ずっとうるさくしてくれればいいと思った。音と音のあいだの静けさは、つぎの音を考えさせてしまう。おばさんは、静けさのなかでミミズをおさえつけたまま、じっとつぎのスコーンという音をまっている自分に気づき、「なんてこったい」とつぶやいたりするのだった。

そんなある日、とつぜんちがう音とひびきにおそわれた。そんな音とひびきはサンジにちがいなかった。おばさんはにわかに元気がでた。

ひびきが近づくのをむかえるように、声をはりあげた。

「サンジさん、サンジさん」

音とひびきがせまってとまり、声がもどってきた。

「だれか、ぼくのこと、よんだ？」

「よびました、よびました。ここです」

おばさんがそういったとたん、トンネルがくずれ、サンジが顔をだした。

「おばさん、だあれ？」

「お、おばさんは、南のはての使者《ししゃ》なのよ。ほっほっほ」

おばさんは、なぜ自分がわらってし

まうのかわからなかった。サンジのほうは、北のほうでもそんなことをいうモグラがいたな、と思った。

「使者って、なあに？」

「使者？　ほほ、伝言《でんごん》を伝《つた》えるのよ」

「伝言って、なあに？」

「ほ、伝言……」

　おばさんはすこし思いだそうとしたが、かけらさえ思いだせなかった。そこで、こういった。

「ここらあたりはぶっそうなのよ。はやく北へお帰んなさい」

「どうしてぶっそうなの？　それから、

どうしておばさんが南のはての使者《ししゃ》なの？　ここより先にはモグラはいないの？」

「それなのよ。ここから先には、カリカリミミズをいっぱい食べた人間たちが、みょうなことをしてるのよ。だからモグラはすめないの」

「みょうなことって？」

「のろいよ」

「のろい？」

「土をとりかえて病気《びょうき》をはやらせ、なにやらふりまわしちゃさわいでいるのよ」

「そのふりまわしてるものって、おいしい？」

「ほ？」

「その、人間がふりまわしてるものって、おいしいの？」

おばさんはサンジのいっていることがわからなかった。だが、わかりませんというこ とばは、おばさんのすきなことばではなかった。だから、わらって話題《わだい》をかえた。

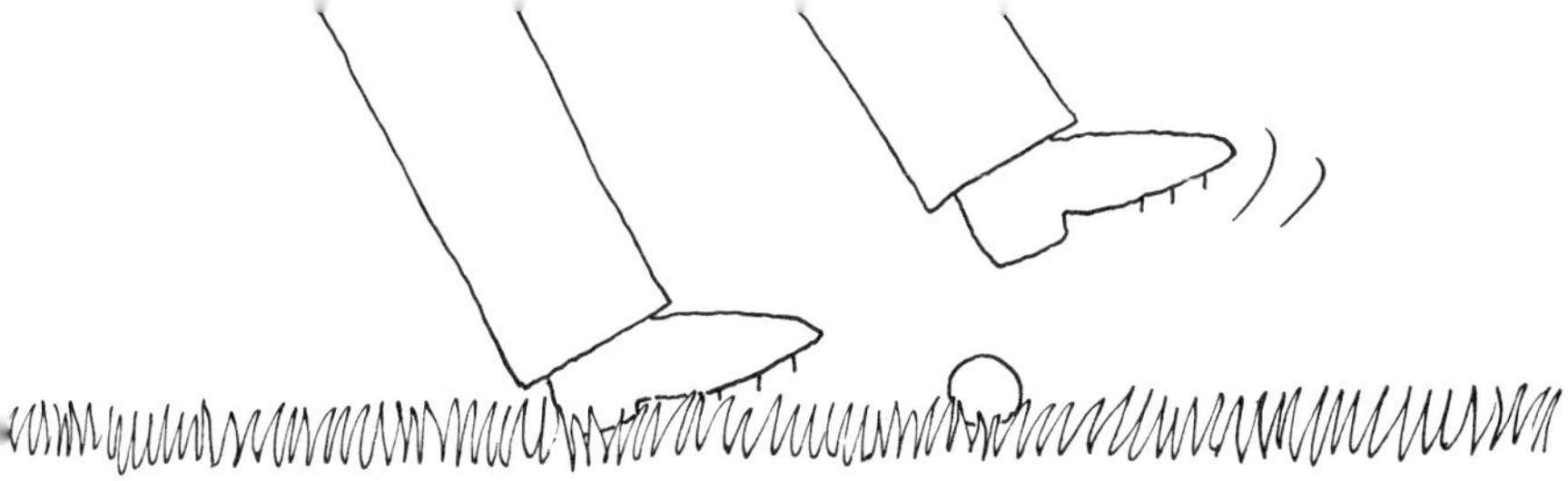

「ほほ、サンジさん、ここらあたりはぶっそうよ。はやく北へお帰んなさい」

「ぼく、ちょっとそのふりまわしてるものを食べてみよう」

「ほ？」

サンジの姿《すがた》が消《き》えていた。おばさんには、どうもサンジが地上へいったように思えた。

地上では、ひとりの男がクラブをふりあげたところだった。

「ふんっ」

力づよいスイング、のはずが、バランスをくずしてよろけた。すこしはなれて見まもっていた男たちが目を丸くした。ボールを打《う》とうとした男のクラブが、グリップの部分《ぶぶん》を残《のこ》して消《き》えてしまったのだ。

男たちは、あいまいなわらいをうかべながら、きょろきょろあたりを見まわした。スイングのしゅんかん、なにかのひょうしにクラブが折《お》れて、どこかへ飛《と》んでいったと思ったのだ。だがクラブの先は、どこにも見あたらなかった。

ひとりの男が、おまえたしかこういうふうにしたんだよなと、自分のクラブをふりあげてみた。そのとたんに、その男のクラブも、グリップを残して消えてしまった。同時に、男たちの顔から、わらいも消えた。

あとのふたりの男たちが、ためしてみるように、おそるおそるクラブを持《も》ちあげてみた。ふたつのクラブは、たちまち同じ運命《うんめい》をたどった。

サンジはもはや、人間の目にとまらぬはやさで飛び、金属《きんぞく》を食べてしまうことができたのだ。

男たちが不安《ふあん》な顔を見あわせたとき、よこにおいてあった、クラブをつめこんだバッグが、へなへなと小さくなった。かけよると、なかのクラブがなくなっていた。

おびえた顔で見まわすと、ほかのバッグも小さくなっているのだ。

身《み》をよせあった男たちは、まわりのようすをうかがった。これはいったいどうしたことだ、おまえがあのボールを打《う》とうとしたときだったよな、ひとりの男がそういいながら指《ゆび》さして、全員《ぜんいん》が最初《さいしょ》の男の球《たま》を見たとき、その球が、すっと消えた。

それでじゅうぶんだった。男たちは声にならない声をあげ、先をあらそってにげだした。まだ手ににぎっていたクラブのグリップをほうりだすと、それも空中で消えてしまった。

サンジはごきげんだった。ゴルフボールはあまりおいしくはなかったが、金属の味《あじ》はなんともいえない。うれしさのあまり、芝《しば》のはりつめられたグリーンを、地中と空中をぬうようにとびまわり、はしゃぎまわったほどだった。

つぎの一団《いちだん》がこのコースにやってきた。遠くから見ると、やけに穴《あな》だらけのコースに見えた。首をひねっていると、ゴルフ場と野原をしきっている金アミの一部《いちぶ》が、ふっと消えた。おや、と見るまに、風景画《ふうけいが》の金アミを消《け》しゴムで消《け》していくように、

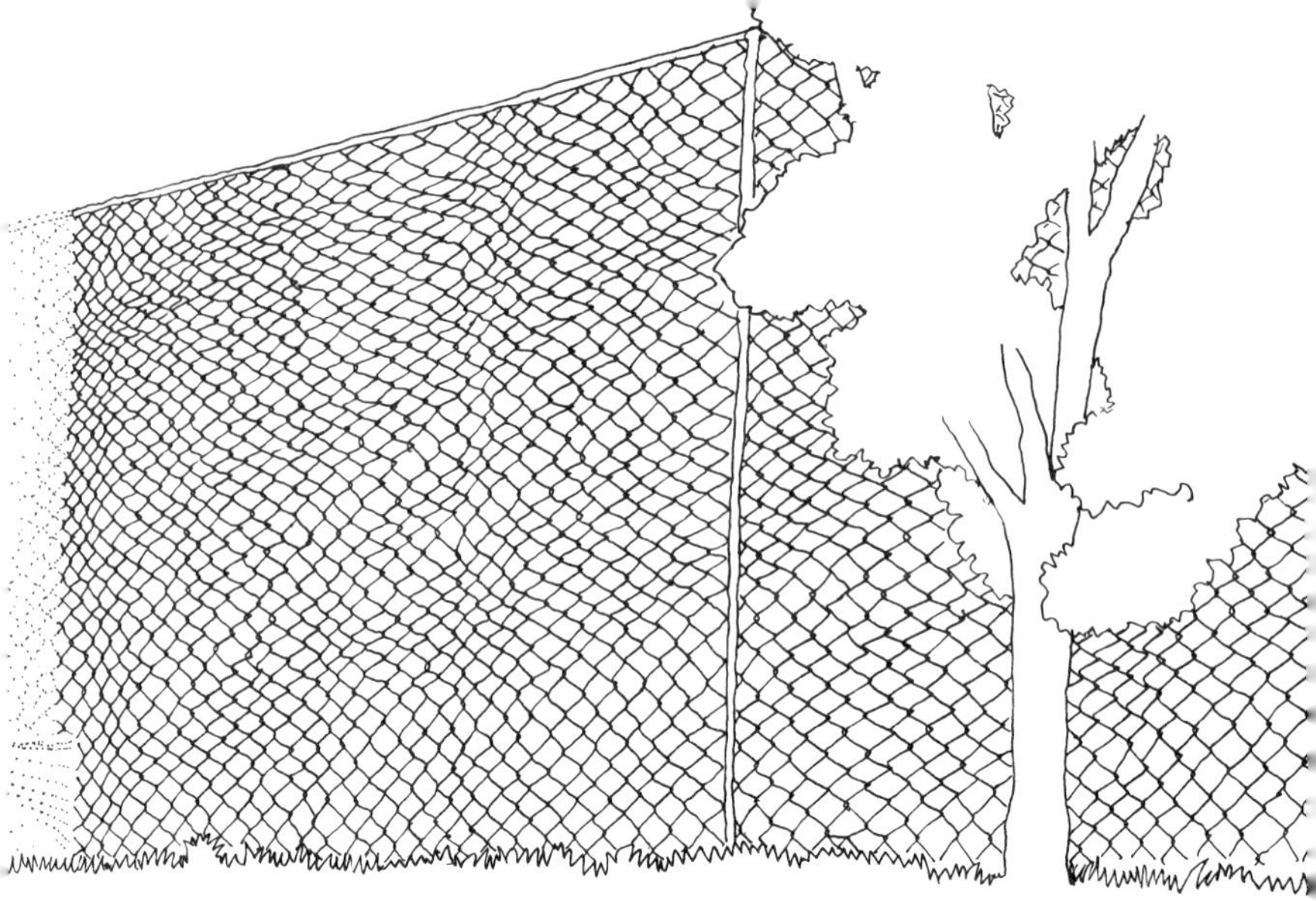

見えなくなる部分《ぶぶん》がひろがっていく。それがみるみるこちらにせまってくるではないか。

クラブをいっしゅんのうちに食べられるサンジにしてみれば、金アミはウエハースのようなものだった。フェンスは、マフラーの毛糸をほどくように消《き》えていった。

一団《いちだん》が身《み》をかたくして見まもるうちに、フェンスの消えるのが、ぴたりととまった。すると地面《じめん》にぼこぼこと穴《あな》があらわれ、気がつくと、すべてのクラブとボールが消えていた。

サンジはこうして、その日のうちに、す

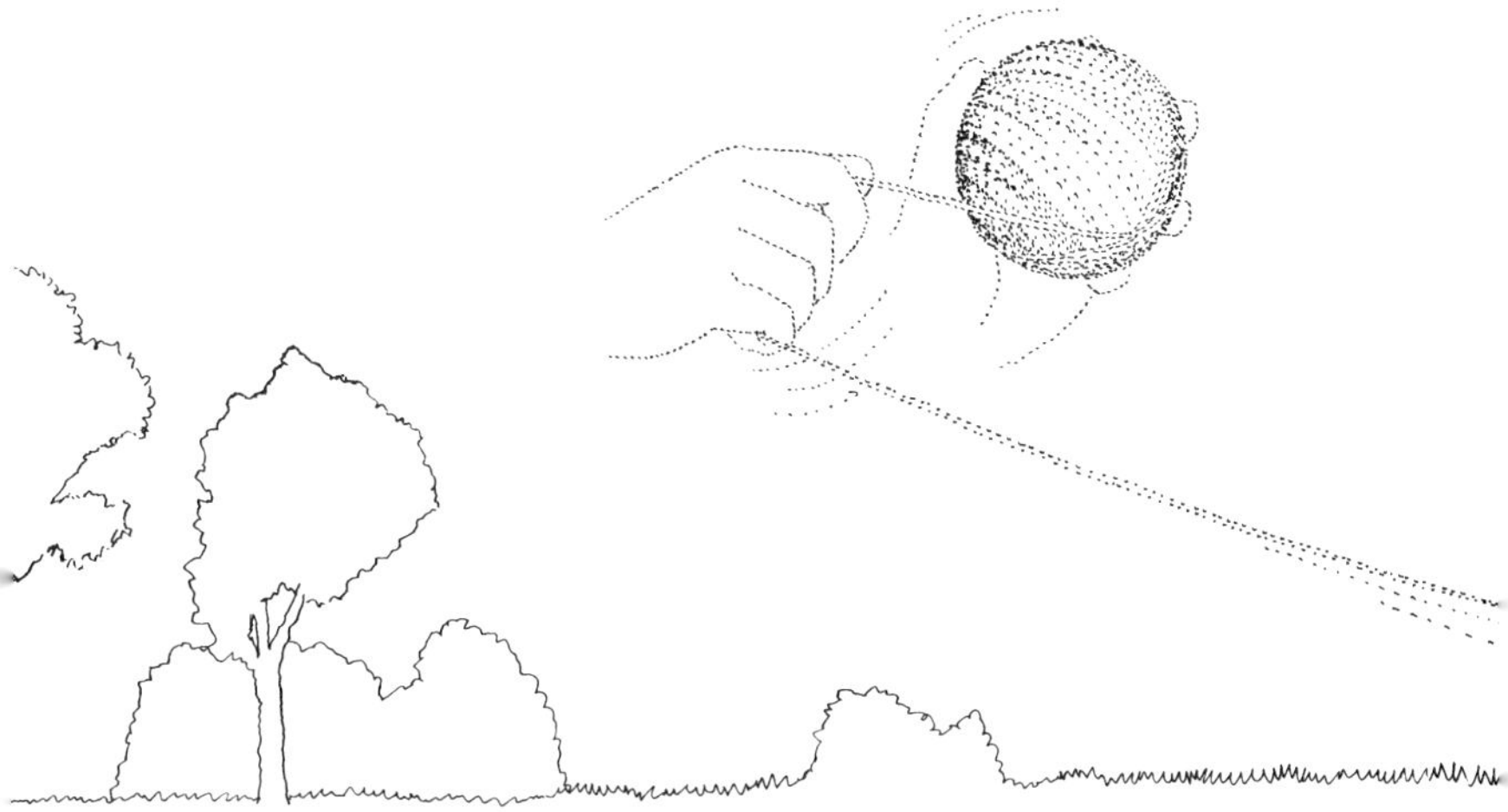

べてのコースをまわってしまった。食べたもののうちで、ゴルフボールよりまずかったのは、土だった。みょうな味《あじ》がしみこんでいる。だがなんでも食べなければ強くなれない。おどろくべきサンジの胃腸《いちょう》は、土にしみこんだ草や虫を殺《ころ》す薬《くすり》さえ、消化《しょうか》し、無害《むがい》なフンにかえてしまったのだった。

ところで南のはての使者《ししゃ》、おばさんモグラは、そのころ、わけがわからぬまま気をもんでいた。たしかなことは、サンジがでていったとたんに、あのスコーンというモグラをばかにした音が、しなくなってしまったということだ。それだけではない。人間の足音も聞こえなくなっている。

そこへ、コースをひとまわりしたサンジがもどってきた。

「おばさん、ありがとう」

「ほ？」

おばさんは、なぜ礼《れい》をいわれたのかわからなかった。だが、わからないとはいえなかったので、わらってみた。

「ほほ、いや、なに、たいしたことじゃないわよ」

「おばさんの教えてくれた、人間がふりまわしてるものって、おいしかったよ」

「お、おいしかった？　……そ、そりゃ、よかった」

「でも、ホシのほうがもっとおいしいんだけどね」

「ホ、ホシ？　ホシ……。ホシ、ね。……そりゃ、ざんねんだったわね。で、人間たちはどうしたの？　あの、カリカリミミズを食べた人間たちは」

「なんだかにげていっちゃった」

「に、にげた。……そ、そりゃ、よかった」

「おばさんのおかげで、ずいぶんたのしかったよ。じゃあね」

サンジがいってしまったあと、二日間ほどおばさんはじっくり考えてみた。そして、すこしわらう練習《れんしゅう》をしてから、長老《ちょうろう》たちに報告《ほうこく》にいくことにした。

報告された話は、モグラにいやがらせをしようとした人間たちを、サンジがやっつけるという話だった。サンジはなんどかあぶないめにあうが、人間のふりまわしているものを食べるという、おばさんの教えた作戦《さくせん》のおかげで、ついに人間をおいだすことに成功《せいこう》した、というものだ。

「でもさ、サンジって子、としは若《わか》いけど、なかなかやるじゃない、ねえ。ほほ」

と、おばさんはわらってみせた。

この報告が野原じゅうにひろがると、サンジは英雄《えいゆう》になっていた。きっとヘビをやっつけたのもほんとうだったにちがいないと、長老たちも思った。とんでもないはねかえりの若者《わかもの》だと思っていたのに、モグラ社会を救《すく》うため、たったいっぴきで戦《たたか》ったという。長老《ちょうろう》たちはまえの決定《けってい》をとり消《け》し、こんどは表彰《ひょうしょう》することにした。
表彰文は、つぎのとおりだ。

英雄《えいゆう》、サンジ殿《どの》

あなたは、野原のモグラの安全《あんぜん》のため、
みずからの危険《きけん》もかえりみず、
おそろしいヘビや人間どもと戦《たたか》い、
これらに勝利《しょうり》し、モグラ社会に平和《へいわ》をもたらしました。
この栄光《えいこう》をながく伝《つた》え、
若《わか》いモグラたちのもはんにするよう、
ここに長老会議《ちょうろうかいぎ》の名において、表彰するものであります。

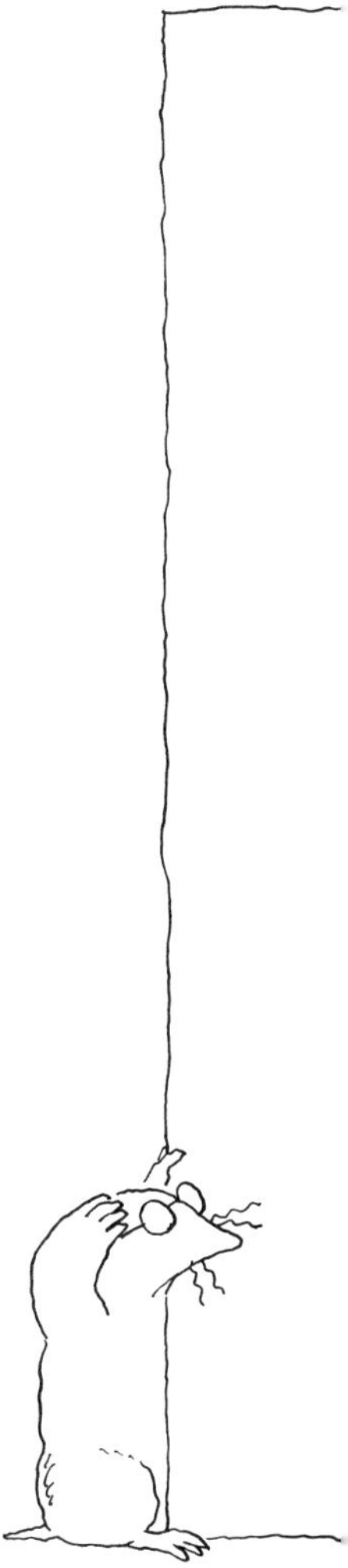

百ぴきのモグラがふたたび選《えら》びだされ、伝言《でんごん》を頭につめこまれ、百の地区《ちく》にちっていった。
北のはてのまじめモグラも、二度《にど》もサンジに会いながら、あの失礼《しつれい》な伝言を伝えなかったのは、まことに正しく幸運《こううん》なことであったとほめられ、もういちど使者《ししゃ》として選《えら》ばれた。

人間どものゴルフの場面《ばめん》については、すこしばかりぼくの協《きょう》力《りょく》が必要《ひつよう》だった。しかし、これまで考えたこともなかったが、なるほどゴルフボールがカップに落《お》ちる音は、モグラをばかにしたようなひびきがあると、思えてくるのである。

東のはての使者《ししゃ》は、夢《ゆめ》みがちなモグラだった

金属《きんぞく》をたくさん食べたサンジは、いちだんと力が強くなっていた。力が強くなると、地下も深《ふか》くまでほれる。百メートルも遠くから、岩のむこうのかすかなにおいにあたらしさをかぎとると、弾《だん》丸《がん》のように、においにむかうのだった。

いろんなものを食べた。ホシの味《あじ》を思いださせたのは鉄《てつ》の鉱脈《こうみゃく》だった。歯《は》ごたえのあったのはダイヤモンドの原《げん》石《せき》で、甘《あま》ったるいのは金塊《きんかい》だ。みょうになつかしい味の巨大《きょだい》なトカゲの形をした石は、二億年《におくねん》もまえの、恐竜《きょうりゅう》の化《か》石《せき》だった。

さて使者《ししゃ》たちは、まえのとちがってこんどの伝言《でんごん》は、なんとか自分が伝《つた》えたいものだと思っていた。だが、いっぴきとしてサンジに出会えるものはいなかった。無《む》理《り》もない。土のなかの深《ふか》さがちがった。

出会わなくても、音とひびきはあいかわらず聞《き》こえてくる。サンジが元気なのは、だれにもわかった。

おかしなもので、音やひびきは、前ほどふゆかいなものではなくなった。モグラの英雄《えいゆう》のほり音だ。むしろ、たのもしく思うようにさえなった。

そんなふうに日がすぎて、おおかたの使者がせっかくの伝言をわすれかけたころのことだ。

大きな大きな山のふもとの、広い広い野原の東のはてには、大きな工場があった。その工場を経営《けいえい》している会社の社長は、工場をもっと大きくしようと考えた。そこで野原の東のはしを買いとって、工場をあたらしく建《た》て増《ま》すことにした。

サンジのたのもしい音とはべつの、すさまじい音とともに工事《こうじ》がはじまった。工事の場所は、日をおってひろがっていった。

多くのモグラが、トンネルといっしょにぺちゃんこにされたり、土もろともダンプカーにつみこまれ、どこともしれぬ海の底《そこ》になげこまれたりした。

東のはての使者《ししゃ》は、そんななかでは、いちばん幸運《こううん》なモグラといえた。

このモグラは、ふだんから夢《ゆめ》みがちなタイプで、自分やまわりのものをなにかに見たてて、あそぶのがすきだった。

たとえばミミズを見つけたら、

「ぼく、サンジだよ。ミミズ、きみはヘビだ」

そういって、もうぜんとミミズにおそいかかり、いったん負《ま》けそうになるものの、もりかえし、おさえつけ、

「どうだ、まいったか」

などといってから、食べたりするのだ。

その使者のすんでいるところまで、いよいよ工事がひろがってきた朝のことだ。

使者《しや》はトンネルをゆさぶるひびきで、目をさました。それは、ショベルカーをつんだトレーラーや、ダンプカーのやってきた音だった。

「怪物《かいぶつ》がやってきた」

夢《ゆめ》みがちなモグラはつぶやいた。工事《こうじ》がはじまってからというもの、その音は、怪物があばれまわっているせいにしていたのだ。

「ぼく、石ころになっていよう。怪物はぼくを石ころって思うから、なにもしないでいっちゃうんだ」

そして、石ころのようにからだをまるくしてみた。

けれどショベルカーは、それが石ころだろうがモグラだろうがかまいはしない。あっというまに持《も》ちあげられた。

「ぼく、石ころ」

さけんだ口のなかに、くずれたトンネルの土がはいった。ぐうんとふりまわされ、なげだされた。ダンプカーの荷台《にだい》におとされるはずが、ショベルカーを運転《うんてん》していた人間の手もとがくるい、半分の土が外にこぼれた。
幸運《こううん》な使者《ししゃ》は、
こぼれたほうにはいっていた。

いくら夢《ゆめ》みがちなモグラでも、これはたまらない。すぐさま石ころであることをやめて、いちもくさんに西のほうへにげだした。

こんなにいっしょうけんめいに走ったのは、うまれてはじめてだった。息《いき》がきれるまで走りとおし、大きな岩のかげにもぐりこみ、ぜいぜいとあらい息をついた。

それからようやく、口のなかの土をぺっぺっと、はきだした。

しばらくじっとしていると、使者《ししゃ》はふだんの自分をとりもどした。

「ぼく、ずいぶんはやく走ったなあ。サンジさんが土をほるくらいはやかったもんな」

そのとき、よこの岩がきゅうに音をたて、ふるえると、ぽこっと穴《あな》があき、ほんもののサンジが顔をだした。地上の岩のむこうにモグラがいるようなにおいがしたので、ちょいとでてみたのだった。

「ねえ、きみ。みょうなところにうずくまってるんだねえ」

「ぼく、石ころ」

夢みがちなモグラは、びっくりしたのでへんなことをいってしまった。

「きみが石ころだったら、ぼく、食べちゃうかもしれないよ」

それを聞いて、相手《あいて》がサンジだとわかった。

「……サンジさん、ですか？」

「ぼく、サンジ」

「わあ、よかった。ぼく、石ころじゃなくて、使者です。東のはての使者です」

サンジは、この野原には使者がいっぱいいるんだなと思った。

「東のはての使者が、どうして東のはてにいないの？　まだ野原はつづいているみたいじゃない」

「それなんです。怪物《かいぶつ》です。怪物があらわれたんです。それで、ぼく、石ころになってたんです」

「きみ、モグラだろ」

「そうです。モグラだけど、石ころになってたんです。すると怪物はぼくをもちあ

げて、

『食っちまうぞ』

って、いったんです。ぼく、

『石ころが食えるもんなら、食ってみろ』

って、こうやって、いよいよ石ころになってたんです」

「きみ、モグラだよ」

「すると怪物《かいぶつ》は、

『ふん、石ころなんか食えねえな』

って、ぼくをほうりだしたんです。それでぼく、サンジさんになってすごいはやさでにげてきた、というわけなんです」

「サンジは、ぼくだよ」

「そうです。ぼく、使者《ししゃ》です」

「じゃ、やっぱり、伝言《でんごん》とかいうの？」

「伝言……？　なんです？　それ」

「知らないよ。それより、東のほうでさわがしくしてるのは、その怪物？」

「そうです。ぼくをつかまえて……」

「石ころが食べられないっていったんだよね」

「え？　石ころ……？」

「石ころなんか食えないって、いったんだよね」

「え？　……ええ、まあ」

「たいしたやつじゃないなあ」

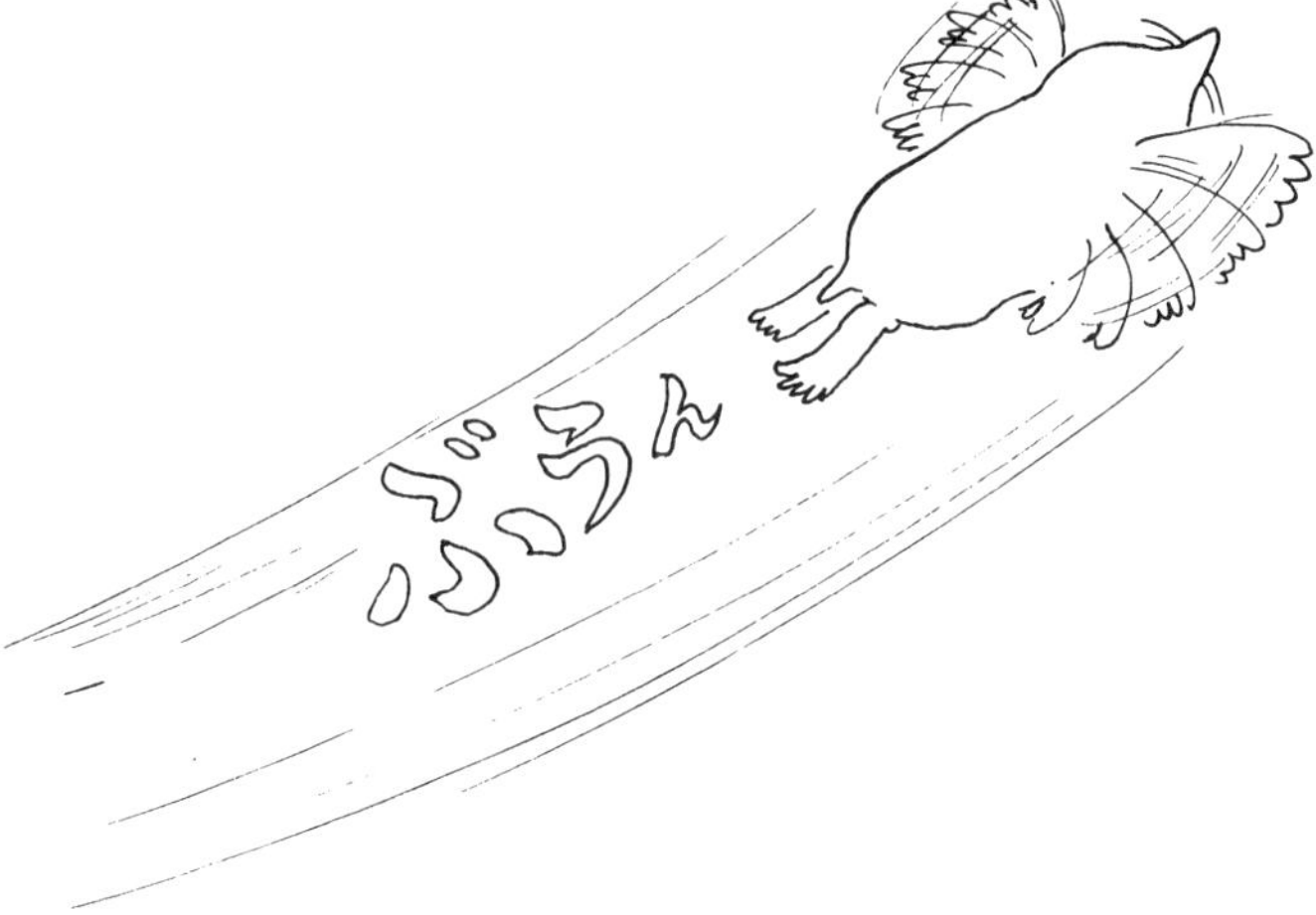

「いえ、たいしたやつなんです。ぼくをもちあげて……」

「わかった。ありがとう」

「サンジさん。もしかして、怪物《かいぶつ》をやっつけにいくんですか？」

「ちょっとね、食べてみるよ」

「食べてみる……。サンジさん、ぼくもつれていってください」

「いいけど、ついてこれるかなあ。そんなことというやつ、だれもついてこないんだもの。じゃあ、飛《と》ぶよ」

「飛ぶ？」

「いこう」

サンジが岩の穴《あな》からとびだしたとたん、使者《ししゃ》はすごい風をうけ、ぶうんと音が遠ざかるのを聞いた。

「すごいや。サンジさん、飛べるんだ」

夢《ゆめ》みがちなモグラは、サンジが怪物と戦《たたか》うのを知りたくてたまらなくなった。

そこで、つかれた足で、もういちど東のほうへ走りだした。

「ぶうん……」

サンジになって飛んでいるつもりで、つぶやいていた。

その日の夕方、使者《ししゃ》が工事現場《こうじげんば》にもどったとき、音のようすがかわっていた。怪物《かいぶつ》のあばれまわる音、つまりダンプカーやショベルカーの音、そして鉄骨《てっこつ》をつなぎ、けずる音が消《き》えていた。あたりはふしぎな静《しず》けさがたちこめ、ときどきなにかが落《お》ちてくる音、それにつづく人間のどよめきとためいきがきこえるのだった。

工事をしていた人々と、しらせをうけてかけつけた会社の人たちは、遠まきに現場を見まもっていた。

ダンプカーもショベルカーも、すでにうごかなかった。会社の人が乗《の》ってきた車も同じだった。

車のエンジンは、サンジにはあたらしい舌《した》ざわりだった。熱《あつ》い感《かん》じがたまらなく新鮮《しんせん》だ。けれど、ホシを思い出させるものといえば、やはり鉄骨《てっこつ》だった。

三階《さんかい》だての高さに組み立てられていた鉄骨は、いまやパンチで穴《あな》をあけられた紙きれのように穴だらけだった。そして穴はいまもあきつづけていた。かろうじてつながっている部分《ぶぶん》に穴があくと、ささえきれなくなった鉄骨が、音をたてて落《お》ちて

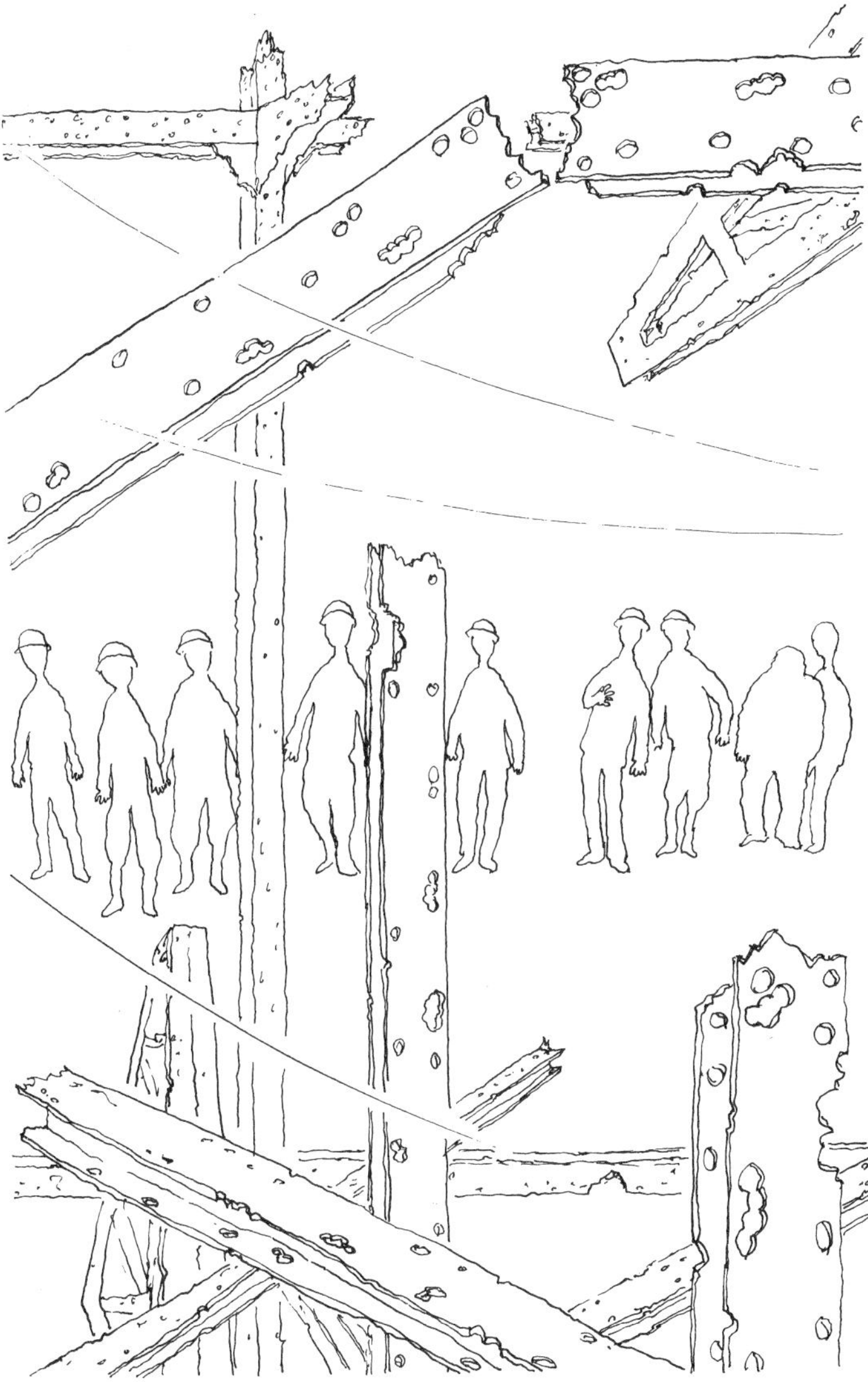

いった。またべつの鉄骨《てっこつ》は、クラッカーの棒《ぼう》がかじられていくみたいに、みるみるちびていった。鉄骨のほうが静《しず》かになると、穴《あな》だらけのショベルカーのショベルの部分《ぶぶん》が、ゆっくりと落《お》ちていった。

四時間の休けいのあと、また穴があきはじめた。

こうして三日間がすぎ、工事現場《こうじげんば》には赤さび色の粉《こな》の山だけが残《のこ》った。それはサンジのフンだった。

だれかがその粉の山に近づこうとしたとき、社長がひきつった声でさけんだ。

「さわるな！　鉄《てつ》をほろぼすバイキンがうつるぞ！」

工事を中止させた社長は、いっしょうけんめい考えたすえ、工場をたてるはずの場所はすべて公園にし、木を植えた。金属《きんぞく》はいっさい使《つか》わず、自動車《じどうしゃ》の乗《の》り入《い》れも禁止《きんし》した。

そして、そのわけをひとにたずねられると、うちの会社はもうけることだけではなく、自然《しぜん》を大切《たいせつ》にすることも考えることにしたのだと、こたえた。

すこしつかれが見えるモグラに、缶《かん》コーヒーをすすめたが、彼《かれ》は首をふった。そこで水とハムをだした。飲《の》んだり食べたりしたあとで、どちらにもみょうな味《あじ》がついているようだと、彼はえんりょがちに不満《ふまん》をのべ、人間に同情《どうじょう》してみせた。

西のはての使者《ししゃ》は、ちょっとちがう伝言《でんごん》をした

モグラをやっつけるために人間がよこした怪物《かいぶつ》を、空飛《と》ぶサンジが食べてしまったといううわさは、すぐに野原にひろがった。
もっとも、それを最初《さいしょ》に話したのが例《れい》の夢《ゆめ》みがちなモグラだったから、話はいくぶん大げさになっていた。
「モグラにわるさをすると、ぼくがだまっちゃいないよ」
とサンジがいったとか、人間が手をついてあやまったとか、話すたびにふくらんでいき、サンジはモグラの守《まも》り神《がみ》のように語られていった。

長老《ちょうろう》たちは三たびあつまり、会議《かいぎ》をひらいた。表彰《ひょうしょう》するなんて失礼《しつれい》だ、このさい、サンジさんにモグラの王さまになってもらおう、ときめた。伝言《でんごん》はきわめてかんたんなものになった。いままでのが長すぎると、使者《しゃ》たちがもんくをいったからだ。

サンジさん。
わたしたちの王さまになってください。

これだけになった。
これならだいじょうぶと、百ぴきの使者が百の地区《ちく》にちっていった。
さてさて、大きな大きな山のふもとの、広い広い野原には、春がこようとしていた。

サンジはなぜかおちつかなかった。空を飛《と》んでいても、岩をほりながら食べていても、いままでのようにはたのしくない。自分のしたいことが、ほかにあるような気がしてならない。けれど、それがなんなのか、わからなかった。

西のはての使者《ししゃ》は、サンジと同じころうまれた娘《むすめ》のモグラだった。名をサキといった。

サキもこのところ、ずっとおちつかなかった。どうかすると、自分が使者であることもわすれてしまいそうだった。

そんなある日、サキのトンネルに、とつぜんいっぴきのモグラがあらわれた。サンジだった。

サンジとサキは、からだひとつぶんくらいのあいだをおいてむかいあった。

そのしゅんかん、サンジもサキも、なぜおちつかなかったのか、また自分がのぞんでいたのがなんだったのか、わかった。モグラが結婚《けっこん》する季節《きせつ》がやってきたのだった。

サキのにおいは、ホシのにおいよりずっとすてきだとサンジは思った。

「ぼく、サンジ」

と、サンジはいった。サキは、ほんとうならここで、わたしは西のはての地区《ちく》をたんとうする使者です。といわなければならないところだった。だが、べつのことばが口から出た。

「わたしは、サキ」

「サキちゃんか」

サキちゃんなんてよばれたのははじめてだった。わるくないよばれかただとサキは思った。

「サンジさん。わたしの王さまになってちょうだい」

サキは、伝言《でんごん》のことばとちょっとちがうことをいった。

「サキちゃん、きみがぼくの女王さまになってくれるならね」

二ひきはおたがいに近よった。

「ぼく、サキちゃんといっしょにいられるなら、ホシを食べられなくてもいいや」

サンジは鼻《はな》に、やわらかいサキの毛を感《かん》じながらつぶやいた。

「え？」

「ううん。なんでもない」

二ひきはしあわせな思いにあふれ、よりそってねむり、そしてめざめた。めざめると、サキのトンネルのなかで、いっしょにミミズをつかまえて、わけあって食べた。

「やっぱりミミズよりホシのほうが……」

いいかけてサンジは首をふり、

「いや、ミミズもわるくはない」

と、いいなおした。

二ひきはまたよりそってねむり、そしてめざめた。こんどいっしょにミミズをつかまえたとき、サンジは全部《ぜんぶ》サキに食べさせた。

「サキちゃん。ぼくね、ミミズよりホシや岩のほうが口にあうんだ」

それを聞いてサキは、はっとした。

「ミミズよりホシや岩……！　それじゃあ、あなたは、サンジさん？」

「ぼく、そういわなかったっけ」

「いったわよ。いったけど、まさか、

あのサンジさんとは思わなかったのよ」

「どのサンジさん？」

「王さまのサンジさんよ」

「そうだよ。ぼくが王さまで、サキちゃんが女王さまだろ」

「ううん、ちがうの。……あら、やっぱりそうなるんだわ。あなたが王さまだから、わたし女王さまだわ。わあ！　わたし、すごいモグラと結婚《けっこん》しちゃった！」

「へ……？」

「わたし、西のはての使者《ししゃ》だったの」

「また使者か。でも、どうして西のはてなの？　ここより西にはモグラはいないの？」

「そうよ。だって、この西は湖《みずうみ》なんだもの」

「湖？　それ、食べられる？」

「食べられないわよ。水だもの」

「じゃ、飲《の》めるんだ」

「飲めっこないわよ。たくさんだもの。おぼれちゃうわよ」

「ちょっと、ぼく、いってくる」

「まってよ。伝言《でんごん》があるんだから」

「なに?」

「あなた、王さまよ」

「わかってるって。サキちゃん、きみが女王さまだよ」

「ちがうのよ。わたしのいうのは……」

いいかけてサキは、もうほんとうにサンジがいってしまうと思った。思ったら、またべつのことをいってしまった。

「サンジさん。あなたはわたしの王さまよ」

「わかった」

あっというまに、サンジの姿《すがた》は消《き》えていた。

わたしの王さまよ
わかった

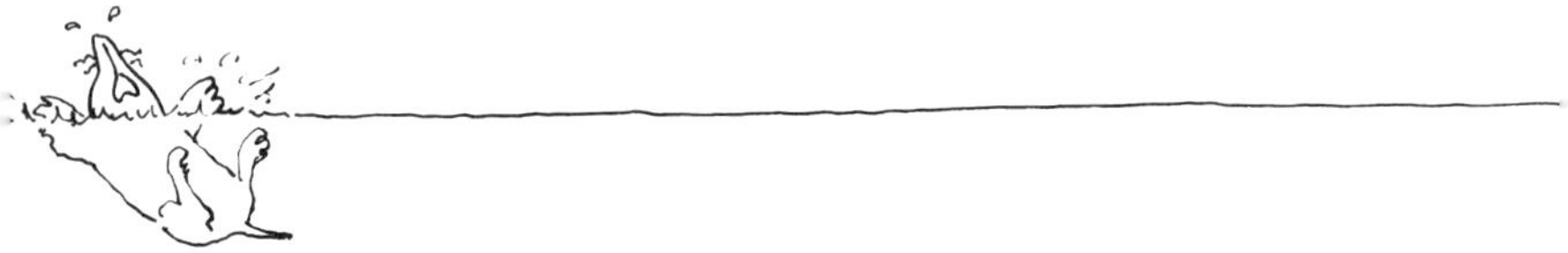

サンジがほり進《すす》むのははやい。あたらしいものにむかっているときは、なおさらだ。サキのトンネルを出てすぐに、サンジは自分が水のなかを進んでいるのに気づいた。とたんに鼻《はな》から水がはいった。飲《の》むどころのさわぎではなかった。あわてて上へむきをかえ、水面《すいめん》にとびだした。

しかしすぐにおよぐたのしさをおぼえた。水面を波《なみ》をけたてて進むのも、息《いき》をすいこんで深《ふか》くもぐるのも、水からとびあがり、そしてまたとびこむのも、全部《ぜんぶ》おもしろかった。

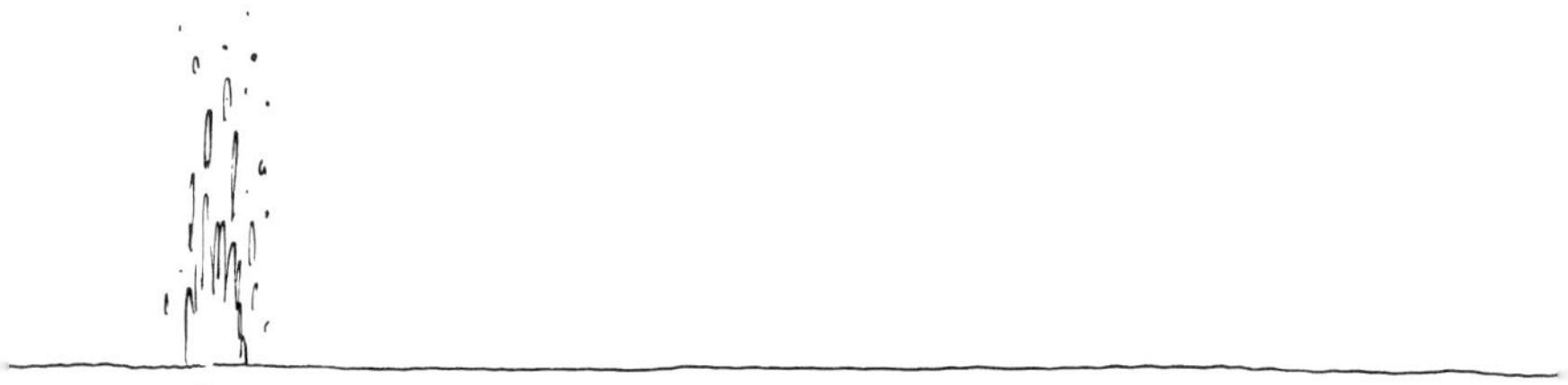

水のなかでは地中よりはやく進《すす》めたが、空中よりはおそかった。手足のうごきは空中と同じでよかった。空高くからもどってくるときは、土につっこむよりも、水にとびこむほうがらくだった。

いろんなものにめぐりあった。

魚、水草、貝。魚をおいかけるのはおもしろかった。食べられるものもたくさんあった。けれどやっぱり、ホシの味《あじ》がわすれられなかった。

人間の立場からいえばあまりにもそっけない夫婦《ふうふ》であると、ぼくが感想《かんそう》をいうと、モグラの立場からいうと、人間は親子も夫婦もべたべたしすぎると、彼《かれ》はいった。

モグラのオスはふつうこうして出ていくと、ふたたびもどってくることはないのだそうだ。が、サンジはときどき、サキのもとにもどって、いろんな話をしたという。だから、このあとのサンジの物語《ものがたり》はサキによって語られたものがもとの話であるらしい。

ときどきもどったのなら、正しい伝言《でんごん》は伝《つた》えられたのかとたずねると、これがそうではないらしいのだ。チャンスがあったにもかかわらず、サキは伝言を伝えなかった。

「いや、女心というのはわかりません」

と、彼《かれ》はいった。彼のいうことは、いちいちもっともなのである。

へたなモグラ語が、空にひびいた

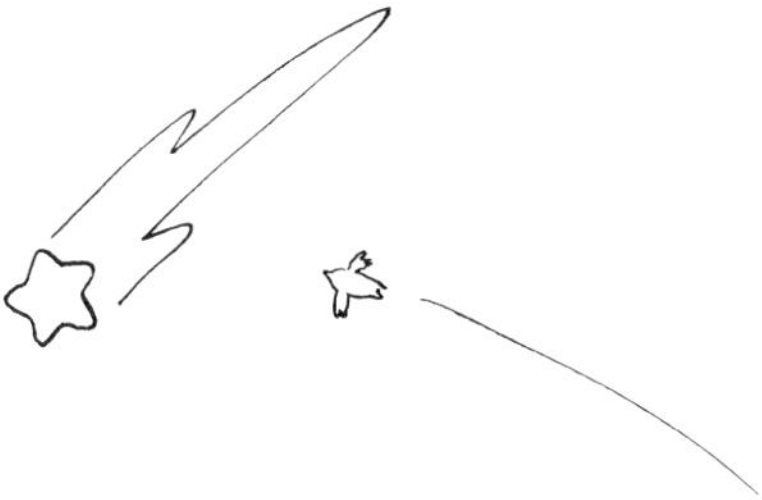

湖《みずうみ》にもどってくることをおぼえてから、サンジはずいぶん高い空まで、のぼることができるようになった。
そうなると、ヘビのいったことが思いだされた。ホシはソラにあるのだ。なんとかもういちどあれを食べてみたい。そう思った。そう思うと、より高く、より高く、空をのぼる練習《れんしゅう》に熱《ねっ》がはいった。
いまやサンジは、ほんのわずかの力で、考えられないはやさで、考えられない距離《きょり》を飛《と》べるようになっていた。
いや、飛ぶということばさえ、あたっ

てはいない。もうサンジが飛《と》ぶことを思いうかべるだけで、からだが空間を移動《いどう》していく、というぐあいだった。

だから、ほとんど空気がなくなるあたりまで、のぼることができるようになった。そして、ついに流《なが》れ星《ぼし》を食べることができたのだった。

流れ星というものは、だいたいが地上におちてくるまでに燃《も》えつきる。サンジは、燃えつきるまえの流れ星においつき、空中で、舌《した》をこがしながら、それを食べた。流れ星は、ひとつひとつ味《あじ》がちがい、うれしかった。

空にのぼるとかならず星がつかまるわけではない。なにも食べずにもどってくるときのほうが多い。でも、がっかりしなかった。空高く飛ぶこと、それだけでもたのしかった。

星をつかまえて食べるたび、サンジはサキのことを思いだした。いっしょにいられるなら、ホシを食べられなくてもいい、といったのをおぼえていたからだ。思いだすたび、サンジはサキのトンネルをたずねた。

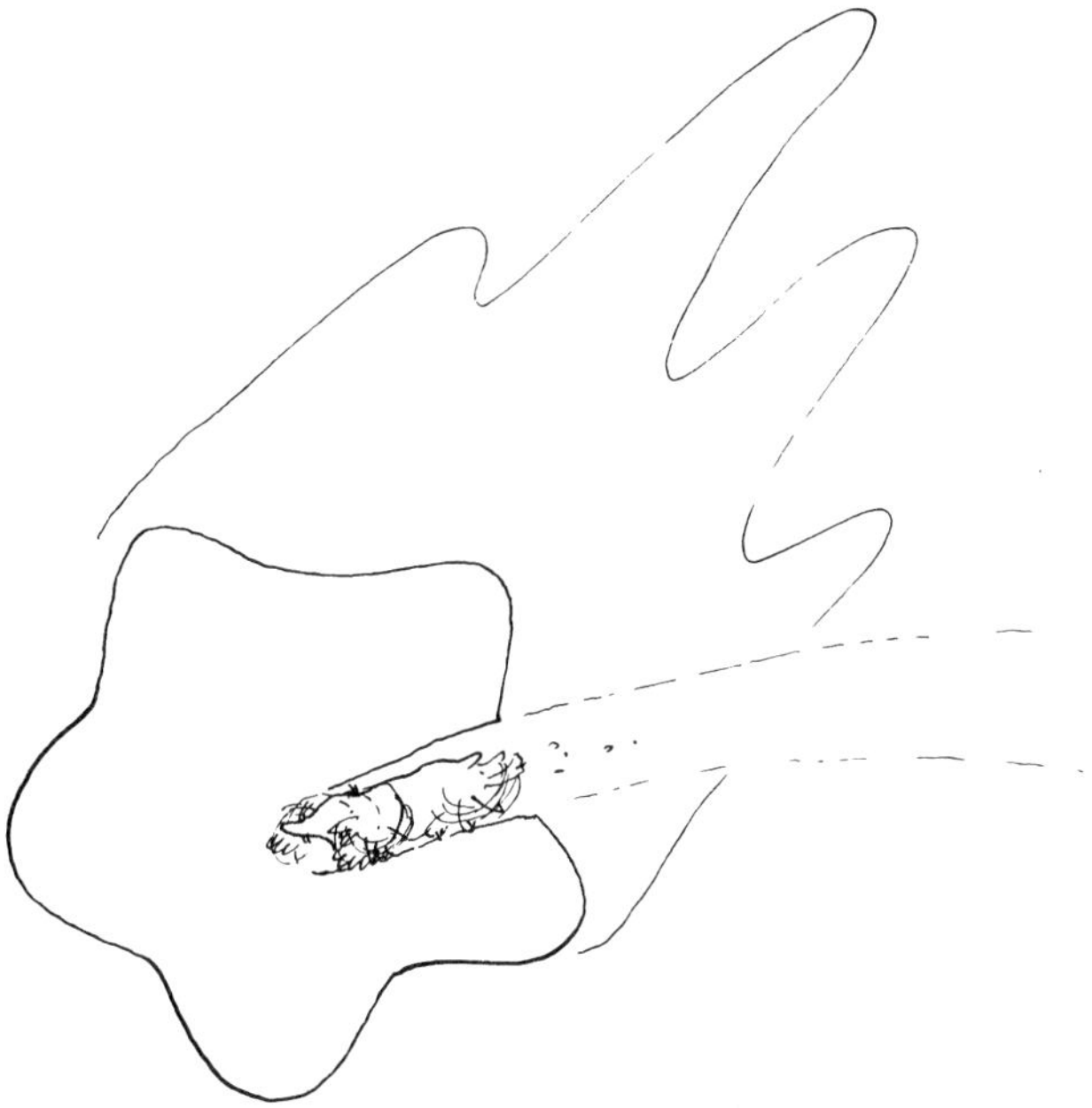

もうサンジとのあいだにうまれた子どもたちを巣《す》ばなれさせていたサキは、湖《みずうみ》のほうからサンジのほり音が近づいてくると、いそいで毛づくろいをしながら、わたしの王さまがやってくると思った。

サンジは、食べたホシの話をサキにした。

「ホシがなんだかわかんないけどさ」とサキはいった。「あなたって、とくべつなにおいがするわ」

「とくべつなにおい？」

「ホシのにおいなのよね。きっと、これが」

サキはそういって、ひとりうなずくのだった。

そんなある日、サンジはとんでもないホシを食べてしまった。それは、ある国が打《う》ち上げた人工衛星《じんこうえいせい》だった。いくらサンジでも人工衛星の高さまでのぼることはできない。人工衛星のほうが、こしょうかなにかで落《お》ちてきたのだ。

その人工衛星には、きわめて危険《きけん》なエネルギー物質《ぶっしつ》がつみこまれていた。それが地上におちると、まわりの空気や水がよごれ、じわじわと人間やモグラやミミズ、そしてタンポポやキャベツ、つまりすべての生きているものを弱らせていくという、おそろしいものだった。

もちろん、打《う》ち上げた人間たちは、それがいつか落ちてくるなど、考えてもいなかった。考えていなかったが、落ちてきたのだ。

その国の大臣《だいじん》や科学者《かがくしゃ》たちは、巨大《きょだい》なスクリーンの前で、歯《は》をがちがちいわせながら、スクリーンの地図にうつしだされた小さな点を見まもるほか、なにもできなかった。

点が光りながら、大きな山の上空を、ゆっくりうごいていく。

「神《かみ》よ！」

しぼりだすような声が、だれかののどからもれた。そのとたん、点が消《き》えた。

「どうしたんだ？」

「落ちたのか？」

「おちてはいません」

「爆発《ばくはつ》したのか？」

「爆発もしていません」

「き、消えました」

「消えた？」

「消えました！」

「おお、神よ！」

ところでその神さまはといえば、ふうとためいきをついていた。そして、

「人間どもは、モグラのサンジに感謝《かんしゃ》しなければなるまい」

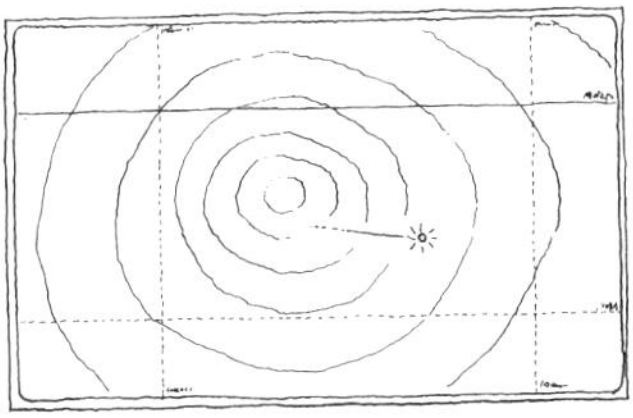

と、つぶやいた。神《かみ》さまは人間のつくったものを消《け》すことなんてできない。ただ見まもるだけなのだ。

「ひとつ、人間どもにかわって、サンジをほめてやることにしよう」

いっぽう、おなかがいっぱいになったサンジは、野原の湖《みずうみ》めざしてひきかえしていた。人工衛星《じんこうえいせい》を食べているあいだに、遠くまでつれていかれていたのだ。

岩や鉄《てつ》をあっというまに消化《しょうか》してしまうサンジの胃腸《いちょう》は、このおそろしい物質《ぶっしつ》をも、なんということもなく消化してしまっていた。いまは無害《むがい》になったフンを空にまきちらしながら、サンジは鼻歌《はなうた》まじりに飛《と》んでいた。

その耳に、みょうなモグラ語がきこえた。もちろん神さまは、モグラ語をしゃべることができる。だが、ずいぶん長いあいだしゃべったことがなかったので、みょうなモグラ語になってしまったのだ。

「スワンジよ」

「へ……?」

「スワンジよ」

「こんなソラで、へたなモグラ語……。ははあ、きみ、ソラのヘビだろ」

へたなモグラ語といえばヘビだと思っていたのだから、しかたがない。

「わたすぃは、フェビではなぁい」

「ヘビじゃない？　じゃあ、だあれ？」

飛《と》びながらサンジは空中のようすをさぐってみた。が、話す相手《あいて》がどこにいるのか、さっぱりわからない。

「わたすぃは、かみだ」

「カミ？　それ、おいしい？」

「わたすぃは、くえない」

「じゃ、水みたいなものかな。飲《の》める？」

「わたすぃは、飲めない」

「なんだ。それじゃ、さよなら」

神《かみ》さまは、ちょっと、むっとした。しかし相手は教養《きょうよう》のないモグラのことだ。こんなことで腹《はら》をたててはいけない。

「スヮンジよ」

「なんだよ、うるさいなあ」

やっぱり神さまは、むっとした。それでもがまんしたから、神さまはえらい。

「おまえは、たいすぉう、りっぱなことをすぃた」

「なあに？　なにいってんのか、わからないや」

空ぜんたいがかすかにゆれた。神さまがためいきをついたせいだ。

「わたすぃは、おまえを、ほめにきた」

「なんで？」

「おまえは、たいすぉう、りっぱなことをすぃた」

「それがわからないっていってるんだよなあ」

「スヮンジよ」

「ああ、もういいや。わかったよ。わかったから、さっさとほめてよ」

「……もう、ほめた」

サンジは、いつほめられたのかわからなかった。むかし、かあちゃんにほめられたときは、もっとうれしかったのにな、と思った。

そのあと神《かみ》さまは、サンジが食べたものは、すべての生きものに害《がい》をおよぼすおそろしいものだったと、くどくどと説明《せつめい》したが、サンジにはなんのことやらさっぱりわからなかった。

気がつけば、いつのまにか湖《みずうみ》の上空にもどっていた。

「ああ、カミさん、ありがとうね」

「おお、スワンジよ、おまえは、かみにかんすやするのか。それは、たいすぉう、りっぱな……」

「おかげで遠いソラの旅《たび》が、あっというまにすんじゃった。いいひまつぶしになったよ。じゃあね」

「……ひまつぶすぃ！」

空ぜんたいがかすかにゆれて、
もう二度《にど》とサンジは、
神さまのモグラ語をきくことはなかった。

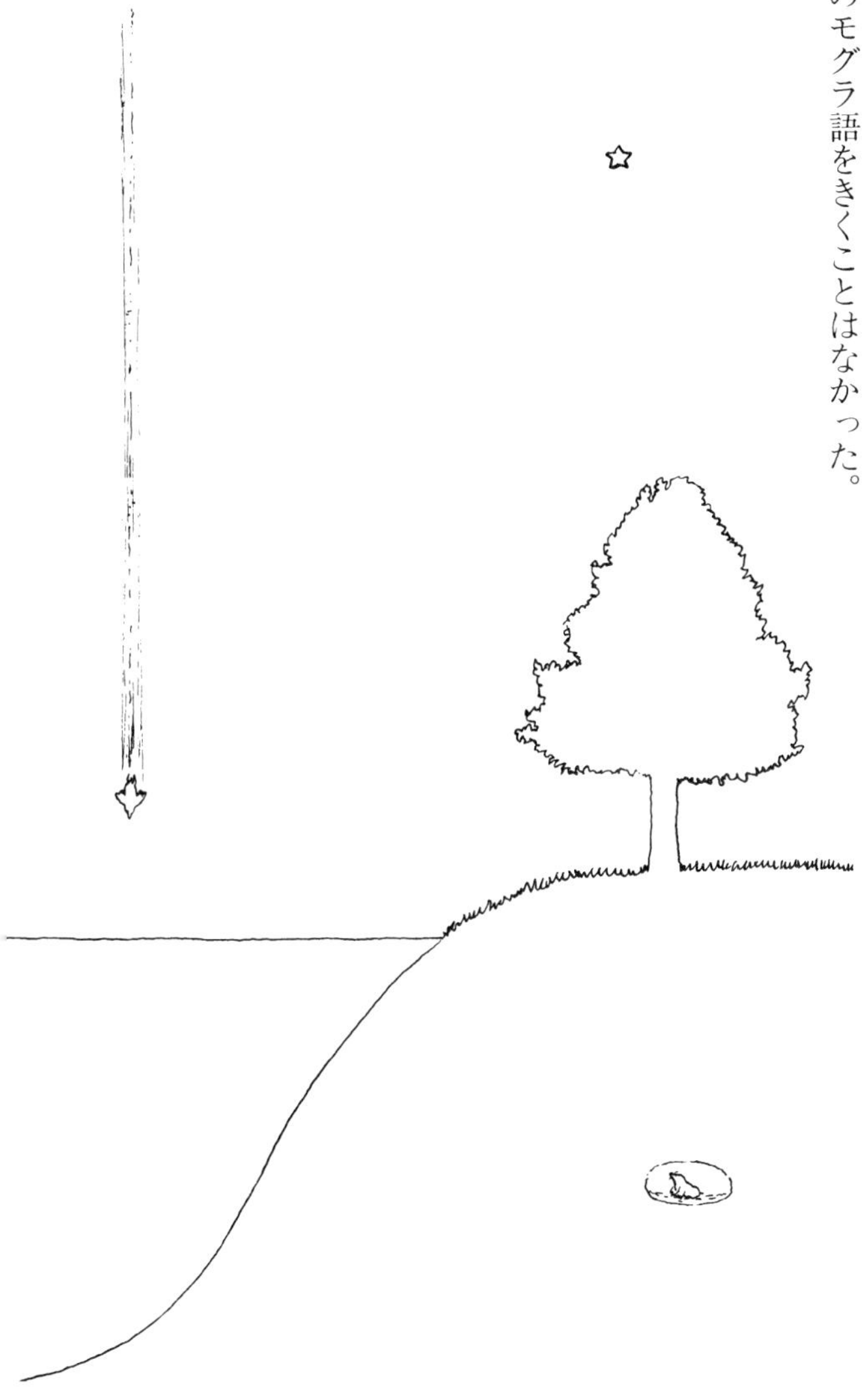

話のなりゆきにあっけにとられていると、
「では、最後《さいご》のお話です」
と、彼《かれ》はいった。もう最後の話なのか、終《お》わるのは残念《ざんねん》だ、と
ぼくがいうと、
「だいじょうぶです。最後のお話は、最高《さいこう》にすばらしいのです
から」
と、彼はうけあった。

それからも

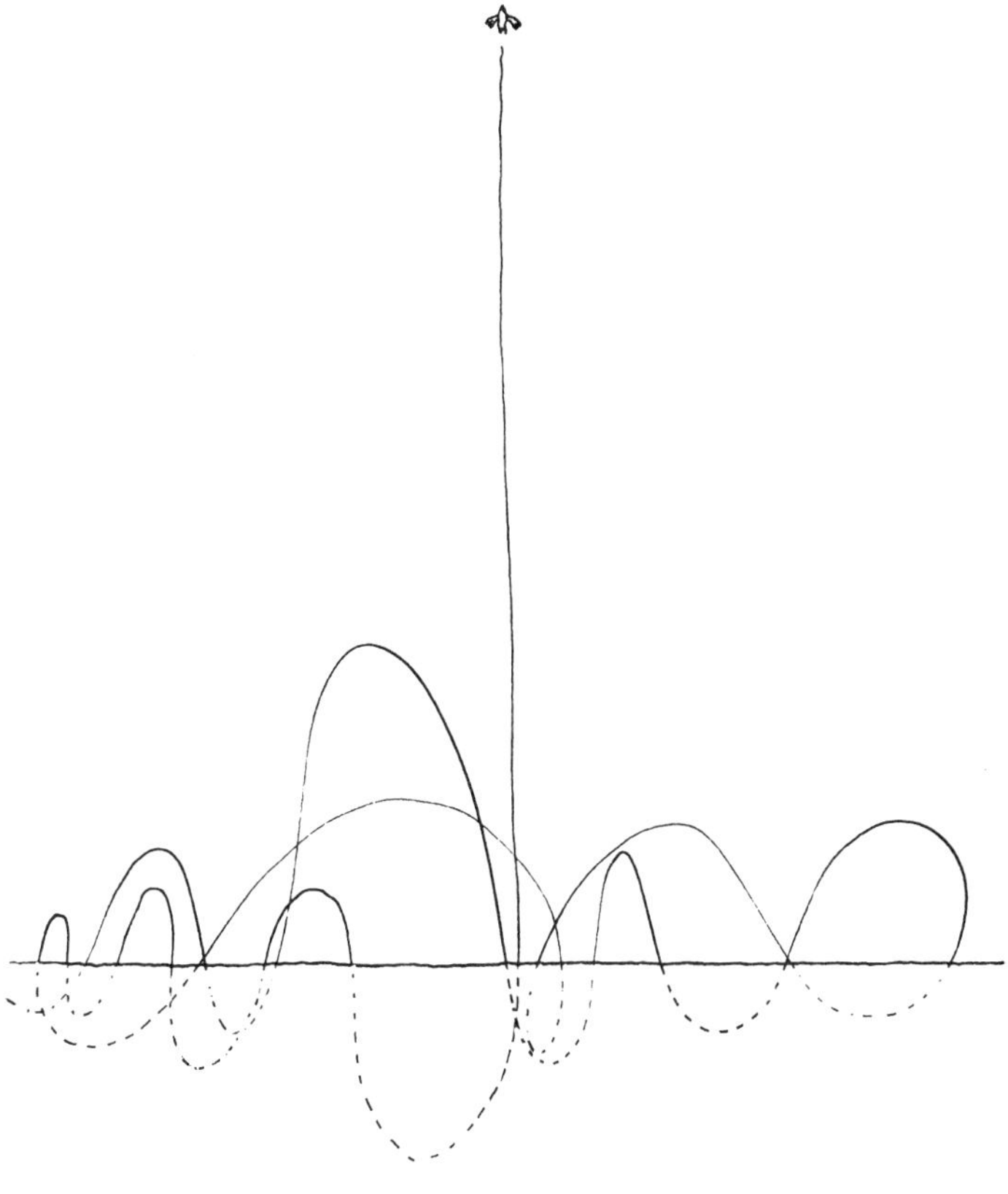

それからも、サンジは、
しあわせにくらした。

「おしまいです」

「え？　最後《さいご》の、最高《さいこう》にすばらしいお話って、それだけなんですか？」

「それだけ、です」

「そりゃないでしょう。だって、それって、すこしみじかすぎません？」

「いいのです。この部分《ぶぶん》は、前のところにくっつけるわけにはいきません。また、よぶんなことをつけくわえ、長くするわけにもいかないのです。そして、モグラたちがもっともすきなのは、この部分なのです。話を聞《き》きたいが時間がないというとき、モグラたちはこの部分だけ話します。で、しあわせな気分でねむるのです」

そういってモグラは、のこっていたまずい水を飲《の》んだ。そし

て鼻《はな》をあげると、

「どうですか」

と、いった。

「え？」

「興味《きょうみ》をもっていただけましたか」

「とてもおもしろかったです」

「よかった。では、本にしてくださいますか」

そうだった。そのために聞いていたのだった。話はおもしろい。だがどういうふうに書けばいいのだろう。〈あるところにモグラがいました。名前はサンジといいました〉か。いや、それはぼくの書きかたではない。

ぼくはとりあえず、あいまいにわらった。

「なにしろ、モグラの話なんて、書いたことがないんでね」

わらってから、こういうときにわらってしまうモグラがいたことを思いだして、わらうのをやめた。

「作家はいつだって、書いたことがないことを書くんでしょう」

「……そのとおりです」

モグラは、ぼくがまよっているのを見ぬいていた。

「ミミズだ、行け行け」

「え、なんですって？」

「モグラをはげますことばです。ミミズのにおいがすれば、とびかかっていきなさい。だれかがつかまえてくれるわけではない。ましてミミズのほうからやってくることはない。自分のしたいことは自分でする。ほら、ミミズのにおいがしているぞ。行け、行け、ミミズにむかってとびかかれ、とね。きわめて、モグラ的《てき》なことばです」

彼《かれ》はぼくをはげましているのだ。ぼくは心をきめた。

「ミミズだ、行け行け、ね。わかりました。書いてみます」

「よかった。これで安心《あんしん》です」

どのように書きだすかはわからない。だが書きだせばなんとかなるだろう。いままでもそうしてきたのだ。

ぼくはあらためてモグラを見た。鼻《はな》をつきだすようにこちらにむけている。人間のことばを学び、野原じゅうからサンジの物語《ものがたり》をかきあつめ、それをまとめあげたモグラ……。

「考えてみれば、あなたはサンジに似《に》ていますね」

「どこが似ているのです。わたしは飛《と》べません。土を食べるのもだめです」

「いや、やりたいことをたのしんでやるってところが似ているんです。……ねえ、もしかすると、あなたがサンジなんじゃあ

りませんか?」

とくに理由《りゆう》はないが、そう思ったのだ。

「ちがいますよ。わたしはサンジではありません」

モグラはあっさりうちけした。

「そうですか。じゃあ、あなたのお名前をうかがわせてください」

「わたしの名? わたしは、ナンジというのです」

*

そのあと、モグラはハムと水の礼《れい》をいい、本ができたらどうして彼《かれ》にわたすかのだんどりをきめ、やってきた穴《あな》から、あっけなく地下に消《き》えた。

気がつけば夕方になっていた。

ぼくは芝生《しばふ》のまんなかまで、はだしのまま歩いていって、め

くれあがった芝《しば》と、まきちらされた土を見つめて、すこしのあいだ、ぼうっとしていた。いままでモグラと話していたなんて信《しん》じられなかった。遠くでカラスの鳴《な》き声がした。

とつぜん、こうしている場《ば》合《あい》ではないと思った。話をできるだけ正確《せいかく》に思いだして、まずメモをつくるのだ。

ぼくは部屋《へや》にかけもどり、リュックから鉛筆《えんぴつ》とメモ帳《ちょう》と消《け》しゴムと鉛筆けずりをとりだした。そして台所《だいどころ》のテーブルの上で、メモをとりはじめた。

頭のかたすみで、変声前《へんせいまえ》の風邪《かぜ》ひき少年の声が「ミミズだ、行け行け」と、いっていた。

あとがき

こうして、この〈物語〉と、〈ナンジとぼくのこと〉を終わるのだが、正確を期すために、物語の書きあらわしかたについて、いくつかのことを書きそえておく。

物語のなかで、長さはメートルやセンチであらわしているが、モグラのことばでは、ミミズが単位だった。のびちぢみするものを単位に選ぶのはどうかと思うのだが、彼らの生活ではそれでじゅうぶんなのだという。一ミミズが十五センチくらいの長さになる。

時間については、季節はぼくたちと同じだが、一日がちがう。モグラはだいたい四時間眠って、四時間活動するので、ぼくたちの一日が彼らの三日になる。物語では、ぼくたちのあらわしかたを使った。だから「三日間」とあるのはモグラにすれば「九日間」であり、「一か月もたつと」というのは「九十回もねむると」というのがもとのあらわしかただ。

物語のいくつかの場面では、ぼくの協力があった。ゴルフ場の地上の場面や、人工衛星の司令室の場面がそうである。協力といっても、場面そのものをあたらしくつくったのではなく、巨大なスクリーンなど、細かい部分をつけたしたのだ。

つけたしたといえば、「モグラというものは」とか「ふつうモグラは」とか書いてあるのは、彼にたしかめてつけくわえた部分だ。

短いことばのつけたしもある。ナンジの言おうとするところを、より正しく伝えるために、彼のつかわなかったことばをつけたした。「目にもとまらぬ」とか「マカロニのように」とか「コンパスで円をえがく」「海」「イルカ」「虹」などだ。そういったことばは、本来モグラのことばにはないのだ。

そういうところを別にすると、すべて彼の語った物語である。神さまの出てくるところなど、ぼくならこんなばちあたりなことは書かないなと思いながら、彼が語ったままを書いた。

ぼくがつけたしたのは、人間にわかりやすいようにするためである。なにしろぼくは、人間むけの作家なのだから。

一九九〇年九月

岡田　淳

あとがき　の　あとがき

できあがった本を二冊もって、ぼくは友人の家をたずねた。一冊は友人とその家族に、もう一冊はナンジに贈呈するためである。ナンジのぶんは、うちあわせどおり、土でよごれないようにビニールでつつんで、庭の芝生のなかほどに置いた。ひと晩泊めてもらって、翌朝帰るときに確かめると、本はなくなっていた。そして、そこに本がはいるくらいの穴があいていた。きっとナンジが持っていったのだろう。

十日ほどたって、友人から手紙がとどいた。

――あのあと毎晩すこしずつ、妻が息子たちに、きみの物語を読み聞かせた。そのこと関係があるとは思えないのだが、読み終わったつぎの日の朝、バルコニーの階段にミミズのかたまりがおいてあった。ありがたく魚釣りのエサにした――。

ぼくは、これからもときどき声に出して読んでほしいと、返事を書いた。

それからも、ときどき、ミミズのかたまりがおいてあるということだ。

二〇一七年五月　　　　岡田　淳

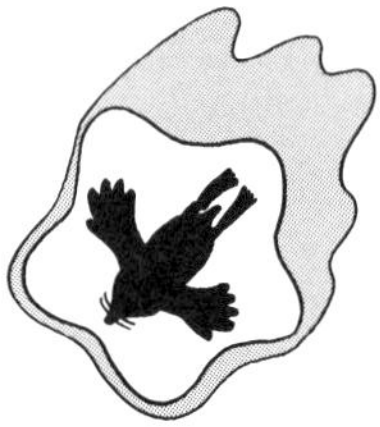

新装版
星モグラ サンジの伝説

岡田 淳（おかだ・じゅん）
1947年兵庫県に生まれる。神戸大学教育学部美術科を卒業後、38年間小学校の図工教師をつとめる。1979年『ムンジャクンジュは毛虫じゃない』で作家デビュー。その後、『放課後の時間割』（1981年日本児童文学者協会新人賞）『雨やどりはすべり台の下で』（1984年産経児童出版文化賞）『学校ウサギをつかまえろ』（1987年日本児童文学者協会賞）『扉のむこうの物語』（1988年赤い鳥文学賞）『星モグラサンジの伝説』（1991年産経児童出版文化賞推薦）『こそあどの森の物語』（全１２巻 1～3の3作品で1995年野間児童文芸賞、1998年国際アンデルセン賞オナーリスト選定）『願いのかなうまがり角』（2013年産経児童出版文化賞フジテレビ賞）など数多くの受賞作を生みだしている。
他に『ようこそ、おまけの時間に』『二分間の冒険』『びりっかすの神さま』『選ばなかった冒険』『竜退治の騎士になる方法』『きかせたがりやの魔女』『森の石と空飛ぶ船』、絵本『ネコとクラリネットふき』『ヤマダさんの庭』、マンガ集『プロフェッサーＰの研究室』『人類やりなおし装置』、エッセイ集『図工準備室の窓から』などがある。

作　者　岡田 淳
発行者　内田克幸
編集人　岸井美恵子
発行所　株式会社 理論社
〒101-0062　東京都千代田区神田駿河台2-5
電話　営業 03-6264-8890　編集 03-6264-8891
URL　https://www.rironsha.com

2017年7月初版
2022年8月第2刷発行

編集　松田素子
印刷・製本　中央精版印刷

ISBN978-4-652-20222-7　NDC913　四六判　19cm　174p

本書は『星モグラ サンジの伝説』（1990年理論社刊）の新装版です。

岡田　淳の本

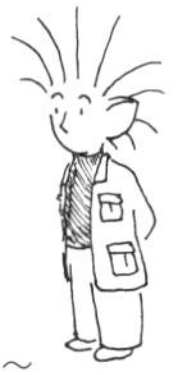

「こそあどの森の物語」

●野間児童文芸賞
●国際アンデルセン賞オナーリスト

～どこにあるかわからない“こそあどの森”は、かわったひとたちが住むふしぎな森～

①ふしぎな木の実の料理法《りょうりほう》
スキッパーのもとに届いた固い固い“ポアポア”の実。その料理法は…。

②まよなかの魔女《まじょ》の秘密《ひみつ》
あらしのよく朝、スキッパーは森のおくで珍種のフクロウをつかまえました。

③森のなかの海賊船《かいぞくせん》
むかし、こそあどの森に海賊がいた？　かくされた宝の見つけかたは…。

④ユメミザクラの木の下で
スキッパーが森で会った友だちが、あそぶうちにいなくなってしまいました。

⑤ミュージカルスパイス
伝説の草カタカズラ。それをのんだ人はみな陽気に歌いはじめるのです…。

⑥はじまりの樹《き》の神話《しんわ》
ふしぎなキツネに導かれ少女を助けたスキッパー。森に太古の時間がきます…。

⑦だれかののぞむもの
こそあどの人たちに、バーバさんから「フー」についての手紙が届きました。

⑧ぬまばあさんのうた
湖の対岸のなぞの光。確かめに行ったスキッパーとふたごが見つけたものは？

⑨あかりの木の魔法《まほう》
こそあどの湖に怪獣を探しにやって来た学者のイツカ。相棒はカワウソ…？

⑩霧《きり》の森となぞの声
ふしぎな歌声に導かれ森の奥へ。声にひきこまれ穴に落ちたスキッパー…。

⑪水の精《せい》とふしぎなカヌー
るすの部屋にだれかいる…？　川を流れて来た小さなカヌーの持ち主は…？

⑫水の森の秘密《ひみつ》
森じゅうが水びたしに……原因を調べに行ったスキッパーたちが会ったのは…？

Another Story

こそあどの森のおとなたちが子どもだったころ
みんなどんな子どもだったんだろう？　５人のおとなそれぞれが語る５つの話。

扉《とびら》のむこうの物語　●赤い鳥文学賞
学校の倉庫から行也が迷いこんだ世界は空間も時間もねじれていた…。

星モグラ　サンジの伝説《でんせつ》　●産経児童出版文化賞推薦
人間のことばをしゃべるモグラが語る、空をとび水にもぐる英雄サンジの物語。